MA MISSION DE 1893-1894

CHEZ

LES TOUAREG AZDJER

LE TADEMAYT — LE BÂTEN ET IN-SALAH
IREGUELÉ — LE TASSILI DES AZDJER — L'OUAD MIHERO
L'ERG D'ISSAOUAN

PAR

F. FOUREAU

PARIS

—

1894

M.A MISSION DE 1893-1894

CHEZ LES TOUAREG AZDJER

MA MISSION DE 1893-1894

CHEZ

LES TOUAREG AZDJER

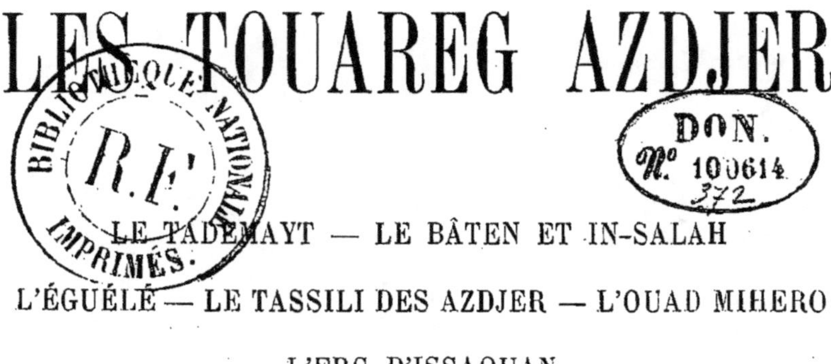

LE TADEMAYT — LE BÂTEN ET IN-SALAH

L'ÉGUÉLÉ — LE TASSILI DES AZDJER — L'OUAD MIHERO

L'ERG D'ISSAOUAN

PAR

F. FOUREAU

PARIS

—

1894

UNE MISSION

LES TOUAREG AZDJER[1]

Fidèle au pays qui m'a valu jusqu'ici le plaisir de vous entretenir dans cette même salle, et à plusieurs reprises, c'est encore du Sahara que je viens vous parler.

Chaque année, chaque voyage dans ce pays m'ouvre de nouveaux horizons, m'éclaire davantage et me permet de le juger plus sainement à mesure que je l'étudie plus longuement.

En outre, je suis de ceux qui croient que la patience et l'obstination finissent toujours par donner la victoire définitive et par triompher de tous les obstacles.

J'ai parcouru cette année 4,600 kilomètres et je les ai entièrement levés à l'échelle de 1/100,000e. Cet itinéraire s'appuie sur cent trente-huit observations astronomiques qui seront prochainement calculées et me permettront de remettre à la Société une carte complète[2].

J'ai pu, en outre, faire un bon nombre d'observations magnétiques qui offriront un certain intérêt, puisqu'à part mon excellent ami et collègue Teisserenc de Bort, personne n'a fait de magnétisme aussi loin au sud dans ces régions.

Mon travail, à ce point de vue, est plus complet que celui des précédentes années, parce que j'avais emmené un ancien matelot, Villatte, ex-timonier, détaché à Mont-

---

1. Conférence faite à la Société de Géographie le 27 avril 1894.
2. M. Oltramare, astronome à l'Observatoire, a l'obligeance de surveiller le développement des calculs.

souris, qui prenait les tops à la montre et inscrivait les lectures, etc., tandis que, dans mes premiers voyages, j'étais dans l'obligation de tout faire moi-même.

Mon but, comme vous le savez, était le même qu'en 1892 et 1893, c'est-à-dire pénétrer chez les Touareg Azdjer, traverser leur territoire et essayer d'aller jusque dans l'Aïr.

Mais, avant de partir dans cette direction pour accomplir la mission qui m'était confiée, j'avais dû, pour déférer au désir de M. le Gouverneur général de l'Algérie qui attachait une grande importance à ce travail, faire d'abord un lever rapide de la route qui réunit El-Goléa à In-Salah, jusqu'à Aïn-Guettara.

Non seulement des raisons d'ordre tout patriotique me commandaient d'obtempérer à ce désir et d'exécuter dans les meilleures conditions possibles la reconnaissance nécessaire dans cette direction, mais encore je devais à M. le Gouverneur général d'obéir sans hésiter, ne fût-ce que pour reconnaître sa haute et persistante bienveillance, et l'aide et l'appui qu'il n'avait cessé de me donner sans compter dans mes précédentes missions comme dans celle-ci, du reste.

Parti de Biskra le 22 octobre, je me rendis donc directement à El-Goléa, en suivant à peu près, entre Ouargla et cette ville, l'itinéraire jadis dessiné par le colonel Parisot, c'est-à-dire par Hassi el Hadjar.

Pour exécuter le raid vers In-Salah, mon convoi était trop lourd et m'aurait forcé à marcher lentement ; j'avais, de plus, de trop mauvais renseignements sur la route pour m'engager sur les hamada du Tademayt avec tous mes chameaux et mes quarante-trois hommes, ce qui, dans les circonstances du moment, aurait pu, en outre, amener des complications de nature à gêner l'action du gouvernement français.

Je laissai donc hommes, tente, bagages et convoi au puits d'El Hadj-Moussa, situé à 80 kilomètres au sud d'El-Goléa, et je me mis en route, le 20 novembre, avec cinq chambba et sans autres bagages que la nourriture indispensable pour vingt jours.

Il ne s'agissait pas ici de faire un travail minutieux, appuyé sur des positions astronomiques, ce qui m'aurait alourdi et retardé, mais seulement d'exécuter à la boussole un consciencieux et exact relevé de la route, en notant les points d'eau, les passages difficiles et les ressources en tous genres des pays traversés.

Le plateau rocheux du Tademayt commence presque aussitôt après les puits d'El-Hadj-Moussa et d'El-Meksa, noyés dans les dernières manifestations arénacées de l'Erg d'El-Goléa qui vient mourir ici.

On rencontre d'abord peu de rivières, et pendant les 60 premiers kilomètres nous traversons seulement l'ouad Tilmas, qui se déverse vers le nord-ouest, et l'ouad Saret, qui se dirige vers le sud-est, gouttières étroites et peu profondes dont le lit contient une bien maigre végétation.

Je suis, sans jamais le quitter, le sentier bien tracé (medjebed) qui permet de traverser ces plaines de roches affreusement dures, composées dans leur partie nord de divers calcaires gris ou bruns compacts, mais présentant des aspérités aiguës semblables à celles de la surface d'une râpe.

Le sol se poursuit ainsi jusqu'à l'ouad Chebbaba, rivière assez large où se trouvent des puits permanents signalés par huit ou dix maigres palmiers épars.

Depuis mon voyage, le gouvernement de l'Algérie a fait procéder à la construction d'un bordj en ce point, et, à l'heure actuelle, il doit être terminé; il porte le nom de *fort Miribel*.

A partir de l'ouad Chebbaba, toutes les rivières que j'ai traversées jusqu'à la crête sud du plateau font partie du système de l'ouad Mïa et vont se jeter dans cette grande artère qui passe à Inifel et va se perdre ensuite au milieu des palmiers de Ouargla.

Tout est aride et sec sur ces plateaux; la végétation déjà

si insignifiante, se cantonne uniquement dans les lits de rivières et les hamada, aussi bien que les mornes qui leur font suite vers le sud, sont entièrement nus et désolés.

Dans cette saison, il fait un froid très vif, et j'étonnerai beaucoup de mes auditeurs en leur disant que j'ai subi à diverses reprises des minima de 6° au-dessous de zéro, et que, pendant cette partie de mon voyage, le thermomètre restait constamment au-dessous de zéro au moment du lever du soleil.

Comme je n'avais pas emporté de tente, je me levais à peu près tous les matins en secouant de ma couverture la couche de gelée blanche et de givre qui lui donnait une rigidité de planche, de même qu'à mes moustaches.

Si nous avions à souffrir de la dureté de l'hiver *dans le Sahara*, d'autre part nous étions fort bien partagés du côté de l'eau potable ; en effet, la pluie était tombée avec une certaine violence une quinzaine de jours avant mon passage, si bien qu'à partir de l'ouad Mïa supérieur nous ne buvions plus d'autre eau que celle des grandes flaques (mechera) des ouad, infiniment meilleure que celle des puits.

Après Chebbaba, les rivières se multiplient, leurs berges ont plus de hauteur et la hamada tend à se transformer en un massif montagneux très accidenté, qui continue à s'élever jusqu'à la crête du Bâten, où il atteint environ 700 mètres d'altitude.

Tantôt le sentier me fait suivre les méandres capricieux et difficiles des ouad ; tantôt il se déroule au milieu des roches rugueuses en coupant les lacets des ouad ou en passant de l'un dans l'autre.

Les plus importantes de ces rivières sont, du nord au sud :

L'ouad El-Far, thalweg sans berges ;

L'ouad Tabaloulet, déjà important tant par ses berges de roches grises éboulantes que par les grands éthels qu'il nourrit ;

L'ouad Tiboukhar, qui est encaissé entre de hautes falaises à pic et dont le sol de gros galets est semé çà et là de touffes de diverses variétés de tamarix ;

L'ouad Tineldjam, dont nous remontons péniblement le cours profondément encaissé, pour tomber bientôt dans l'ouad El-Hadj-Brahim, plus encaissé et plus difficile encore, et qu'il nous faut suivre jusque tout près de sa source.

Nous rencontrons peu après l'ouad Mïa, au point où il reçoit deux affluents nommés Mïate et Mseïlili. C'est là une sorte de cirque entouré de montagnes abruptes et nues, et peuplé de grands éthels, au milieu d'une véritable carrière de galets. Un beau soleil éclaire ce paysage à l'aspect fantastique où règne un morne et absolu silence.

C'est maintenant l'ouad Mïa que remonte le sentier. Son lit, fort important, est jonché de roches roulées. Deux points d'eau remarquables et qui ne tarissent jamais sont situés non loin du confluent précité : ce sont les Tilmas Djelgoum et les Tilmas Ferkla, où il suffit de creuser au fond du thalweg, à très petite profondeur, pour trouver en tout temps une eau abondante et de bonne qualité.

Le premier point n'a pas été atteint par la crue récente dont j'ai déjà parlé. Quant aux Tilmas Ferkla, ils étaient lors de mon passage recouverts d'une large mare d'eau de pluie.

Après un assez long parcours dans le lit de cette rivière, et pour éviter un de ses coudes, nous coupons à travers le massif montagneux par un magnifique et sauvage défilé que les Arabes nomment *Châbet* ou *Guettât-el-Merâbta*, succession de lacets dans des mornes élevés.

A peine retombés dans l'ouad Mïa, dont la vallée a ici plus d'un kilomètre, le sentier nous conduit dans l'ouad Tilemsin, que nous allons remonter. Le point où nous sommes est la véritable tête de l'ouad Mïa, qui est formé par la réunion du Tilemsin et de l'ouad Diss, ce dernier étant beaucoup plus large et plus important que le premier et contenant une plus belle végétation.

Nous avons de l'eau partout ici et les mares succèdent aux mares dans le thalweg de l'ouad, où nous rencontrons bientôt les Tilmas el-Adham, point qui ne conserve d'eau que pendant quelques semaines après une crue.

Les berges du Tilemsin sont moins élevées, mais plus déchiquetées, plus coupées d'affluents que celles des rivières plus au nord. On sent que l'on approche du sommet du plateau, et ceci devient encore plus sensible dans l'ouad Seder, qui nous sert maintenant de route, le Tilemsin restant dans notre sud-ouest.

Là, plus de haute végétation, quelques jujubiers rabougris et quelques autres rares plantes seulement : nous ne sommes plus réellement que dans une sorte de gouttière de la hamada.

Nous traversons la dernière rivière qui nous sépare du faîte, c'est l'ouad Moussa-ben-Yaïch qui — comme les précédents — est rempli de flaques d'eau de crue et dont le cours supérieur, bordé de berges insignifiantes, nous conduit à 2 kilomètres seulement de la ligne de partage des eaux entre la Méditerranée et l'Atlantique. Cette ligne est à une altitude d'environ 620 mètres, et toutes les eaux qui s'en écoulent vers le nord se rendent à Ouargla par l'ouad Mïa.

De ce sommet s'étend devant nous et presque sous nos pieds un immense horizon sur lequel se découpent des gour et des mamelons élevés, taillés régulièrement comme si la main des hommes leur avait donné des formes géométriques. C'est ici que commence la merveilleuse descente du versant sud du Bâten.

Nous voici tout près du point terminus que je dois atteindre, Aïn-el-Guettara, source permanente de la route.

Le Medjebed descend, en le suivant de plus ou moins près, le lit de l'ouad El-Guettara, ravin tortueux et très difficile dans lequel nous avançons péniblement sur des roches bouleversées parfois énormes, en décrivant des circuits très longs sur le bord de ravins hérissés d'éboulis, sur des sentiers en corniche. La descente est vraiment effroyable et se développe sur plus de 2,000 mètres pour en faire tout au plus 1,000 en distance horizontale et pour en descendre 70.

C'est là le chemin ordinaire des caravanes, qui nous amène à la source située dans le ravin même, au-dessous d'une cascade créée par de grandes stratifications horizontales surplombantes et au milieu d'un indescriptible bouleversement.

Trois ou quatre touffes de palmiers poussent pourtant dans ce désordre, et leurs palmes immobiles couvrent d'une ombre bleue les trous qui contiennent les sources. Aussitôt après la source commencent à apparaître les tamat (acacia cavenia), gommiers poussant seulement en touffes basses.

La première partie de ma mission était terminée en ce lieu, d'après les instructions que j'avais reçues; mais il me semblait impossible de m'arrêter en un point aussi étrange sans pousser en avant, tout au moins jusqu'au pied sud de la montagne, pour me rendre compte des difficultés de la route qui se poursuit vers In-Salah.

Nous nous mîmes donc à descendre l'ouad El-Guettara, qui n'est difficile que pendant quelques kilomètres encore et qui bientôt s'élargit jusqu'à plus de 1,000 mètres au milieu de grands gour roux.

Nous sommes dans le Bâten, nom donné par les indigènes aux assises sud du Tademayt (littéralement ce nom signifie flanc d'un coteau), région de grands mornes qui s'éloigne vers l'est jusqu'à Hassi-Messegguem. C'est un pâté montagneux fort important et d'un aspect imposant avec ses grès roux striés de blanc et de gris.

La route qui s'étend maintenant facile devant nous nous conduit à Hassi-el-Mougar, au pied d'un massif de gour peu élevés en grès bruns et gris bleuâtre.

Nous relevons de ce point et dans notre sud-ouest Zaouïet-Kahala, village avancé du Tidikelt, qui est à 18 kilomètres de nous. Sur le même azimut et à 15 ou 18 kilomètres plus loin se trouve le groupe d'In-Salah.

Nous avions, ici même et depuis l'ouad Mïa, trouvé à plusieurs reprises des Zoua qui font pâturer leurs troupeaux dans les têtes des rivières du Tademayt. Ces gens nous ont fait un très bon accueil. Ils sont du reste en rapports constants et excellents avec les Chambba d'El-Goléa et de Ouargla.

Nous avions aussi rencontré une caravane de Chambba habitant Zaouïet-Kahala, qui avec des Oulad Ba-Hammou d'In-Salah, convoyaient à El-Goléa des harratine du Tidikelt (Berbères bruns ou noirs semblables à nos Rouarha) en quête de travail.

En effet, dans ce pays la misère est grande et très nombreux sont les harratine qui vont vers le nord, cherchant à s'occuper soit à El-Goléa, soit au Mzab, soit à Ouargla.

Les Zoua vont en estivage sur le territoire d'El-Goléa : dans l'ouad Mïa, l'ouad Chebbaba, l'ouad Skhouna; ils s'avancent même jusqu'à l'areg Khanem et les gour El-Aggabi dans le nord-est d'El-Goléa. Ils sont ainsi tout autant les nomades du cercle de Ghardaya que du Tidikelt.

Tous savaient que j'étais en route pour venir ici. Comment s'était répandue cette nouvelle que je n'avais communiquée à personne? Je ne saurais le dire. Peut-être était-ce simplement déduit de ma marche sur El-Goléa, direction que je n'avais jamais prise auparavant.

Mon itinéraire à la boussole depuis El-Hadj-Moussa tendrait à changer de beaucoup la longitude jusqu'ici généralement admise pour In-Salah.

Bien qu'un cheminement à la boussole ne puisse jamais passer pour un document absolument précis, je serais cependant tenté de croire qu'il y a quelque chose de vrai dans mon affirmation ci-dessus; car jusqu'à Hassi-el-Mongar j'ai presque toujours fait du sud et parfois du sud-sud-est. Or, El-Goléa se trouve à peu près par 0°29' de longitude est et In-Salah par 0°24′ de longitude ouest, soit environ 100 kilomètres de différence. Ce qui — si la longitude acceptée pour In-Salah est exacte — m'aurait forcé à faire constamment une route sud-sud-ouest.

D'autre part, de Hassi-el-Mongar, je relevais Gour Rahoua à une assez courte distance et, du point terminus de mon voyage de 1890, j'avais en vue ce même gour.

La distance qui sépare Hassi-el-Mongar et par conséquent In-Salah de ce point terminus de mon voyage de 1890 ne saurait donc être très grande. — Supposons 100 kilomètres au maximum. — Or, ce point terminus est situé par environ 1°43′ de longitude est et la longitude acceptée pour In-Salah est de 0°24′ ouest, ce qui ferait une distance de plus de 230 kilomètres. Il y a donc là une erreur évidente, et rien que de ce fait il est certain qu'In-Salah doit être reporté vers l'est.

Pour reprendre la direction du nord j'avais résolu de ne pas emprunter le ravin d'El-Guettara, afin d'explorer un autre passage de la montagne que je savais exister un peu dans l'ouest du premier et qui peut-être serait meilleur comme route pratique. Je me dirigeai donc vers la Garet-ed-Dhiab et le Maâder Kosseur, où viennent mourir trois ou quatre rivières, notamment celle que j'ai l'intention de suivre.

Nous entrons péniblement dans les gorges de l'ouad Abkhokheune dont nous remontons le cours semé de roches de toutes formes et de toutes grosseurs et peuplé de très nombreux tamat et talha (gommiers de deux variétés[1]) parmi lesquels beaucoup sont mutilés par les Zoua et les Ouladba-Hammou pour la fabrication du tan de très bonne qualité que fournit l'écorce de ces végétaux.

Pendant près de 30 kilomètres la route ne change pas, si tant est que l'on puisse appeler ce ravin une route ; — elle s'infléchit en innombrables détours au milieu des éboulis et

---

1. Acacia tortilis et cavenia.

des roches où serpente le lit de la rivière, encaissé entre des massifs de plus de 250 mètres de hauteur.

Ces grands mornes sont splendides, mais d'une absolue nudité. Leur couleur est uniformément marron rouge. Ils sont constitués par des grès mêlés d'assises de gypse cristallisé en lames et de puissantes couches de marnes vertes, rouges et jaunes. On y relève aussi des stratifications horizontales de calcaire gris contenant de grands fossiles en hélice que je n'ai pas encore fait déterminer.

Parfois nous rencontrons un trou plein d'eau des crues, ombragé par un gommier au milieu du chaos le plus invraisemblable.

Souvent, pour éviter une gorge abrupte, il nous faut suivre un sentier à flanc de montagne qui nous permet de gagner le niveau supérieur du ravin, mais avec mille peines, surtout à cause des mehara, qu'il ne peut être en aucune façon question de monter pendant toute cette journée.

Là le spectacle est vraiment admirable : nous dominons de haut le cours de la rivière, partout jonché d'énormes éboulis et coupé de cascades formées par des roches plates peu épaisses, à demi brisées et surplombant sur des cavernes d'où les gypses et les marnes ont été peu à peu entraînés par les eaux.

Nous gagnons enfin, par un dernier sentier en colimaçon, le sommet du Bâten. Là nous franchissons la ligne de partage des eaux par environ 630 mètres d'altitude et il ne nous reste plus qu'à descendre.

Tous les ouad du versant nord du Bâten ont un cours relativement long ; ils ont d'abord un lit plat et sans berges et ce n'est qu'assez loin de leurs sources qu'ils commencent à s'encaisser. Leur végétation est composée de divers tamarix, de jujubiers, de rtem et de quelques graminées et ombellifères.

Au contraire ; toutes les rivières du versant sud sont courtes ; elles ont des berges énormes dès leur naissance, et peu après, aussitôt qu'elles atteignent le reg, elles s'épanouissent en filets à peine distincts et se perdent presque aussitôt. Leur végétation n'est composée que de quelques graminées et ombellifères et de très nombreux gommiers des deux variétés déjà signalées.

Il est curieux de constater que ces gommiers ne se trouvent jamais sur le versant nord, tandis que parfois à 500 mètres seulement de distance horizontale ils jonchent les ouad du versant sud.

Cette forme des rivières explique parfaitement la constitution orographique du Tademayt, dont les pentes nord sont très douces et très longues, alors que ses pentes sud sont abruptes et tombent brusquement sur le reg, s'abaissant en deux ou trois ressauts énormes de près de 400 mètres.

Il ne me restait plus qu'à rejoindre ma route d'aller, ce que je fis en descendant l'ouad Diss, large vallée qui est sans conteste la plus importante source de l'ouad Mïa, que nous rejoignons bientôt pour reprendre en sens inverse mon itinéraire des jours passés.

L'ouad Diss contenait partout, comme les autres rivières, de larges laissées de crue. Des Zoua sont campés dans tous ses affluents, dont le principal, et du reste sa véritable tête, est l'ouad Ouassah-el-Beïda, d'autant mieux nommé que ses berges sont blanches et son thalweg relativement large.

Tout ce pays est nu, excepté dans le cours des rivières ; il nourrit de très nombreux mouflons ; mais nous n'avions guère le temps de les chasser, sauf un peu pendant le retour, où je doublais un itinéraire déjà dessiné. Je dois avouer pourtant que la chance nous a peu favorisés et qu'un seul de ces animaux a pu être atteint, encore la vieillesse rendait-elle sa chair rebelle à toute cuisson.

Le 3 décembre je regagnais mon convoi au puits d'El-Hadj-Moussa ; j'avais parcouru près de 650 kilomètres en quatorze jours ; mes hommes, mes mehara et moi-même nous étions parfaitement éreintés et gelés, mais j'avais fait comme on me le demandait et dans le plus bref délai possible, le lever de la route d'El-Goléa à Hassi-el-Mongar, et j'étais en mesure d'envoyer dès le surlendemain par un courrier dirigé sur El-Goléa, à M. le Gouverneur général, un rapport sur mon travail et le dessin au 100,000ᵉ de l'itinéraire parcouru.

J'avais été mis fort en retard par le raïd que je venais d'exécuter et il me fallait sans plus attendre me diriger vers le pays des Touareg Azdjer puisque le but principal de ma mission était d'essayer de traverser leur territoire.

Je devais pour cela couper l'ouad Mïa au sud du fort d'Inifel, gagner la pointe de l'Erg nommée Guern-el-Messeyed, suivre l'oudje sud et toucher à Timassânine.

Cette route nous amène à franchir sur le bord ouest de l'ouad Mïa quelques chaînes de dunes de formation récente; leurs cols ont actuellement 40 mètres et leurs sommets 60 à 70 mètres, alors qu'en 1879 leur élévation était moitié moindre.

Ces chaînes servent pour ainsi dire de frange à la bordure est du plateau du Tademayt. C'est dans ces dunes que disparaît l'ouad Insokki, et c'est sous leur masse que son cours vient rejoindre celui de l'ouad Mïa. Au point dit Haniet-el-Baguel la rivière est alors apparente et des fourrés de tamarix se dressent dans son thalweg, enserré à l'ouest par une ligne à peu près ininterrompue de dunes et à l'est par des berges rocheuses de 25 à 40 mètres, connues sous le nom quelque peu prétentieux de Kef-el-Ouar, bien qu'elles n'aient rien d'effrayant ni de difficile.

Des troncs secs d'éthels accrochés très haut dans les anfractuosités des rives montrent que les crues de cette rivière peuvent être parfois très importantes.

Après avoir remonté l'ouad Insokki jusqu'à la hauteur d'El-Atchana, nous escaladons les hautes berges de sa rive droite et nous marchons sur l'interminable reg de Messeyed, nu et plat, pavé de cailloux roulés très fins, comme le sol des gassis.

Je ne parlerai point longuement de la région de l'oudje sud de l'Erg que j'ai déjà décrite et qu'à partir de Guern-el-Messeyed nous suivons sans l'abandonner jusqu'à El-Bīodh. Partout les maàder des rivières y sont verts sous l'influence des pluies du printemps dernier et tout porte à croire que leur végétation restera superbe pendant longtemps encore, attendu qu'au moment de mon passage nous y avons supporté plusieurs averses qui ont suffi pour faire couler légèrement les ouad et pour remplir leur mecheras.

A plusieurs reprises nous sommes ici le matin enveloppés par un brouillard intense, phénomène extrêmement rare dans le Sahara et que je n'avais observé auparavant qu'une seule fois. Il est curieux de voir se perdre dans la brume les sommets des grands oghroud de bordure qui nous dominent de 200 mètres.

Sur toute cette route de l'oudje je relève les traces des chameaux razziés en octobre par Bou-Khacheba sur les Oulad-Sahia, rezzi remarquable et dont les chameaux ont été vendus à In-Salah. L'historique de ce hardi coup de main est le suivant : le rezzi, venu des environs d'In-Salah, a bu à Hassi-Chebbaba, puis descendant l'ouad Mïa et débouchant sur la hamada El-Atchan un peu au sud d'Inifel, mais hors de la vue du fort, il a bu à Hassi-Ghourd-Oulad-Yaïch, puis passant à Hassi-bel-Haïrane il y a tué 6 chouaf sur 7 hommes. De là se dirigeant vers Touggourt, le rezzi a volé près de 400 chameaux aux environs de Matmat. Obliquant ensuite vers le sud-est pour éviter les parages de Ouargla, il a été boire à Hassi-Bottine, a pris le gassi Touil, côté oriental, et stationné deux jours à Mouileh-el-Guefoul pour y abreuver les animaux. En ce point il a été rejoint par une quarantaine d'hommes des Oulad-Sahia, qui pour la plupart n'étaient pas armés ou l'étaient fort mal. Une bataille a eu lieu, bataille dans laquelle les Oulad-Sahia ont eu 10 hommes tués et à peu près autant de blessés.

Le rezzi a touché ensuite à Ben-Abbou, Hassi-Messegguem, Hassi-Farès-Oumm-el-Lill et In-Salah. Il comptait 42 hommes, tant dissidents Chambba que Touareg et Oulad-Ba-Hammou.

Le sol de l'oudje est — comme je l'avais déjà constaté — couvert d'un grand nombre de troncs d'arbres silicifiés, et semé d'assez fréquents ateliers de silex taillés.

Le sol y est généralement dur et dépourvu de végétation, celle-ci cessant aussitôt après les dernières rides de sable.

En quittant El-Bïodh je reprends pendant la première journée mon itinéraire de l'an dernier, puis, obliquant un peu dans l'ouest sur la hamada, la caravane descend dans l'ouad Igharghar par le châbet Taguentarine, d'accès peu difficile.

Tout est ici encore fort humide, et nous trouvons sur le plateau à l'est de l'Igharghar des mecheras considérables pleines d'eau de pluie. Il n'y a à cela rien d'étonnant, puisque — comme nous l'avons appris à la Zaouïa — il a plu sans discontinuer du 16 au 20 décembre.

Après avoir descendu les dernières falaises du Tinghert nous marchons sur la plaine qui fait suite au Djoua et qui nous conduit à Timassânine.

Cette plaine argilo-gypseuse est profondément ravinée par les pluies récentes; les ravins ont rongé leurs berges, les falaises se sont éboulées et le fond de la plaine contient encore un chapelet de petites mares pleines d'eau, mais entourées d'un sol détrempé à tel point que les chameaux y enfoncent jusqu'au ventre.

Nous trouvons à la zaouïa le hartani El-Hadj-Embarek campé dans une sorte de gourbi sans toiture, enclos édifié avec des branches de palmier. Il a abandonné sa misérable maison, que les pluies ont tellement endommagée qu'il craint de la recevoir sur la tête.

Il y avait à Timassânine au moment de mon arrivée une petite caravane de Touareg dont la présence m'avait été signalée par les hommes envoyés en éclaireurs. Les Touareg leur avaient dit : « Cela ne nous étonne pas qu'il y ait un roumi ici, car nous avons eu ces jours derniers en route de la pluie et de grands froids ; nous étions donc à peu près sûrs de trouver un Européen à la zaouïa. » Ces gens pensent en effet que nous apportons toujours la pluie et le froid.

Ces Touareg, dont deux étaient des Oulad-Sidi-Moussa, revenaient de Ghdamès avec des chameaux chargés de blé et d'un peu d'étoffes ; leurs campements étaient situés près de Tabalbalet pour les uns, et à Tahohaït pour les autres.

Avant de toucher à Ghdamès ils s'étaient rendus en Tunisie, à Foum-Tatahouine et à Gabès, en compagnie de Ouan-Titi-Ag-Abd-ul-Hâkem que j'avais vu l'an dernier.

Ils m'apprirent que de nombreux campements s'échelonnaient dans la direction du sud, à Tabalbalet, Aïn-El-Hadjadj, dans l'ouad Samen et jusqu'à Menkhoukh, que les kebar des Azdjer étaient dans l'ouad Tikhamalt, à Afara-n-Ouechecherane. Quant aux Foghas, les principaux étaient à Ghdamès encore sous le coup du rezzi tripolitain venu de l'ouad Lajal qui leur a, l'été dernier, enlevé 750 chameaux et tué un grand nombre d'hommes.

Ouan-Titi a reçu cet été, pour m'être remises, des lettres d'Ikhenoukhen et des kebar des Azdjer, mais fort occupé par le rezzi précité, il n'avait pu encore me les faire parvenir ou me les apporter.

Ils m'apprennent en outre que le Foghas Handeboul est à El-Oued, de même que Abd-en-Nebi accompagné d'un certain nombre de Foghas et d'Issakkamaren.

Cet Abd-en-Nebi est le même qui était chef du Miad, venu en Algérie à la fin de 1892.

J'avais trouvé parmi ces Touareg un ancien compagnon d'Erwin de Bary, le targui Mohamed, il consentait à me guider vers les kebar des Azdjer, et il fut convenu qu'au lieu de suivre la route déjà bien connue et levée de la vallée des Ighargharen et de Menkhoukh nous prendrions une direction plus à l'est et jusqu'à présent inexplorée.

Je désirais d'autant plus ne pas emprunter le sentier de Menkhoukh que je venais d'apprendre que de nombreux campements s'éparpillaient dans cette direction et que j'aurais été, en y passant, dans l'obligation d'hospitaliser une quantité de gens avides de cadeaux et de nourriture, qui seraient venus de toutes parts affluer à mon camp, suivant la déplorable habitude des Touareg.

Le colonel Flatters avait eu à subir cette agaçante et ruineuse coutume, et j'ai appris, par les Azdjer eux-mêmes, qu'après avoir été comblés de cadeaux par le colonel, ils se hâtaient d'aller changer de costume, et jusqu'à deux fois de suite, pour pouvoir revenir à nouveau demander une aumône au voyageur.

Ma troupe était nombreuse et je ne pouvais pas, pour des raisons d'argent, emmener avec moi toute mon escorte. Je réexpédiai donc de Timassânine une vingtaine d'hommes vers Ouargla, sous la direction de mon ami L. Leroy, qui m'avait accompagné jusque-là, mais dont la santé momentanément ébranlée supportait mal les fatigues du voyage.

Il me restait alors 24 hommes, mon matelot Villatte, et mon guide targui Mohamed. Mohamed avait confié ses chameaux à ses amis de la caravane touareg, qui chaque jour devait partir, mais qui néanmoins ne quittait pas son campement, pour se faire plus longtemps nourrir. Ce n'était là que le commencement de l'exploitation. Le nègre d'Abd-en-Nebi, campé dans le voisinage, et sachant que je devais venir vers cette époque, me fait demander par le gardien de la zaouïa de ne pas oublier de lui laisser un cadeau s'il n'est pas là au moment de mon passage.

Après avoir rédigé mes notes je remis à Leroy mes observations astronomiques, mon lever de route jusqu'ici et les documents recueillis, afin qu'il pût rapporter le tout en Algérie, et, le 29 décembre au matin, pendant qu'il reprend la route du nord, je m'éloigne vers l'est au pied de l'erg et sur le bord sud de cette longue dépression du Djoua qui fait suite et se confond avec l'ouad Ohanet, en épousant tous les contours de la falaise sud du Tinghert.

Nous avons en perspective neuf jours sans eau ou à peu près ; mon guide Mohamed n'a jamais suivi cette route et ne se dirige que par approximation, du moins jusqu'au point où nous rencontrerons le medjebed de Ghât.

Notre direction nous fait d'abord parcourir pendant quatre jours une ligne qui laisse l'Erg à droite et le Djoua à gauche.

La falaise, au nord, profondément entaillée par de grands et larges ravins, dresse sa crête régulièrement horizontale à une centaine de mètres de hauteur.

Tantôt elle s'éloigne, tantôt elle se rapproche, laissant ainsi en général au Djoua une largeur qui varie entre 6 et 15 kilomètres.

Quant à l'Erg, il vient mourir sur le bord sud du Djoua, encombrant par places et confusément son lit de petites dunes de formation récente, et au milieu desquelles se découpent des ravins à sol de gypse, d'argile rouge et de reg, jonchés de coquilles des genres Cyrene, Melania, etc.

On trouve aussi dans cette région de beaux fossiles associés à divers calcaires constituant le sol de petits mamelons peu importants. Ces fossiles appartiennent à un autre étage que celui des falaises voisines du Tinghert[1].

Jusqu'à la butte remarquable qui en touareg porte le nom bizarre de Halliballouz et qui est située à quelques kilomètres dans l'est d'Hassi Tabtab, le Djoua est criblé de petits mamelons du même genre, de 10 à 15 mètres de hauteur, en argile sableuse, et couronnés d'éthels et de tarfa, auxquels se mélange en bas un peu de dhamrane et de guetaf. Plus à l'est le Djoua devient sensiblement plat et nu.

A cette hauteur l'Erg ne présente que des pics de peu d'élévation ; aucun d'eux ne dépasse 70 mètres.

Il existait bien certainement autrefois une berge très

1. C'est M. Munier Chalmas qui veut bien s'occuper de la détermination de mes échantillons.

marquée sur la rive sud du Djoua, mais aujourd'hui, l'Erg ayant progressé vers le nord, il ne reste plus que quelques promontoires visibles çà et là, qui pendant la première journée sont composés d'argiles gypseuses.

De même les hautes buttes signalées ne sont que les témoins de l'ancien plateau, érodé depuis par le vent et par les eaux.

Nous traversons de grands espaces recouverts de gypse en roche lamellaire brillante, souvent bouleversée et noyée d'une petite quantité de sable.

Les mamelons de bordure de l'Erg sont de même constitution que la plaine, mais les stratifications de gypse y sont séparées par des couches de marnes.

A ce terrain succède un sol détritique de calcaire blanc, avec des mamelons de même nature, mais où le calcaire couronne des masses d'argiles et de marnes gypseuses.

L'Erg recouvre une partie de ces mamelons, qui vont en s'accentuant à mesure que l'on avance vers l'est.

La végétation de cet Erg, que j'appellerai Erg d'Issaouan, est pauvre et, sauf en de très rares points, on n'y rencontre exclusivement que du had, qui pour le moment est très vert, et aussi du drinn.

Au milieu de cet Erg existent, paraît-il, de grandes surfaces de reg uni comme les gassis, mais entièrement fermées et couvertes de très beaux gommiers. Ces cuvettes ne se trouvent malheureusement pas sur notre route; elles sont situées dans notre sud-ouest.

Ici l'Erg est simplement constitué par des chaînes sinueuses qui sont orientées à peu près nord-est sud-ouest, et séparées par des vallées plates à sol de sable ferme. Comme nous coupons toutes ces chaînes perpendiculairement à leur direction, la marche est assez difficile, bien que les cols ne dépassent jamais 35 à 40 mètres.

Le 1er janvier nous avons la chance de trouver une cuvette de l'Erg à fond de roche que les pluies ont remplie d'eau.

Nous y campons pour abreuver les animaux et faire notre provision d'eau, puisque nous marchons sans bien savoir le jour de notre arrivée probable à un puits. Mohamed comptait bien du reste sur une rencontre de ce genre ici ou plus loin, rencontre qui n'avait rien d'extraordinaire après les pluies abondantes du mois précédent. Jusqu'à ce point nous avions eu plusieurs fois en vue de larges mecheras dans le thalweg du Djoua.

Les mamelons que nous côtoyons maintenant et qui bordent l'Erg augmentent de hauteur; le calcaire qui les compose s'unit au grès. L'Erg s'ouvre et des gassis s'y dessinent pendant que ses pics prennent de plus grandes proportions et atteignent près de 150 mètres.

En même temps que les oghroud se font plus élevés, ils se peuplent, et de nombreux troupeaux d'antilopes, peu sauvages, car elles ne sont jamais chassées, errent dans les environs et nous fournissent une excellente nourriture.

Nous abandonnons maintenant le Djoua; la falaise du Tinghert reste dans notre nord et nous infléchissons vers le sud-est, en entrant franchement dans l'Erg, que nous traversons en deux jours dans sa partie la plus étroite.

L'Erg est loin d'être compact — du moins ici — comme celui du nord; ce sont plutôt de très importants massifs plus ou moins séparés par des feidjs, des gassis, des vallées. Jusqu'ici du reste il n'a été traversé par aucun Européen, les routes de Duveyrier et de Flatters l'ayant seulement côtoyé dans l'est et dans l'ouest.

La hamada qui fait suite à l'Erg et que nous parcourons est dominée par les gour Abreha, qui sont constitués par des grès noirs formant de superbes et pittoresques éboulis, et dont la hauteur ne dépasse pas 60 mètres.

Du haut des dunes, dans la journée de la veille, mon guide m'avait désigné ces gour comme devant être le massif d'Ayderdjane; mais la route suivie me faisait croire qu'il était dans l'erreur, ces derniers devant rester assez loin dans

notre nord-est. L'arrivée au puits suivant, et la distance
qui les en séparait lui prouva surabondamment qu'il se trom-
pait et que c'était moi qui avais raison ; il en convint du
reste sans difficulté, en me répétant qu'il n'était jamais passé
ici et qu'il avait seulement suivi dans ses voyages le medjebed fréquenté d'Ohanet à Ghât.

Les gour Abreha s'élèvent sur la bordure nord-ouest du
plateau d'Eguélé sur lequel nous sommes actuellement et
que les dunes enserrent au loin à l'ouest, tandis que dans
l'est un important massif montagneux dresse au-dessus de
l'horizon ses cimes teintées d'un admirable bleu violacé·
C'est la chaîne de l'Eguélé, où prennent naissance les différentes branches de l'ouad Tadjentourt.

La route de Ghât passe à son pied ouest; nous la rejoignons bientôt et elle nous conduit au puits de Tadjentourt,
point d'eau assez misérable où l'on ne peut désaltérer une
caravane importante que lorsqu'il y a eu une forte crue de
la rivière où se creusent les tilmas. Quelques rares gommiers se dressent d'abord dans le thalweg mais ils deviennent
très nombreux si l'on remonte dans les têtes supérieures
de la rivière. En dehors de ces arbres il n'y a là que du
drinn et du falezlez, cette plante qui fut si fatale aux restes
de la seconde mission Flatters.

C'est à ce puits que j'ai rejoint l'itinéraire de Duveyrier
lorsqu'il se rendait chez les Azdjer et à Ghât.

A peine avions-nous commencé le nettoyage du puits
que nous voyons à 300 mètres s'approcher une caravane
Touareg, qui à notre vue s'arrête et se met sur la défensive.
Je lui dépêche un de mes hommes et mon guide targui
pour la rassurer sur nos intentions et savoir quels sont les
gens qui la composent.

Leur chef se détache aussitôt avec mes hommes : nous
sommes en pays de connaissance et il se trouve que j'ai
affaire à Abderrhaman-ben-Doua, dont j'ai déjà parlé dans
cette salle et que j'avais eu l'occasion de voir en 1890 à Biskra.

Je lui avais même remis à cette époque un revolver en lui disant : « J'espère que cette arme te plaira; je te la donne, mais à la condition que si nous nous rencontrons jamais dans le Sahara tu ne l'emploieras pas contre moi. »

Abderrhaman manifeste une grande joie de me trouver ici; il m'assure qu'il m'est tout dévoué et me raconte qu'il est rentré depuis peu de Ghdamès, revenant du poste algérien d'El-Oued. Il me donne des nouvelles de ceux de ses compatriotes Foghas que je connais, me dit qu'ils savaient mon voyage dans le Sahara et l'avaient chargé de leurs compliments pour moi dans le cas où il me rencontrerait.

Abderrhaman, dont les campements sont dans les environs de Tabalbalet, veut laisser partir les gens qui sont avec lui et m'accompagner jusqu'aux campements des Azdjer : « Tu as été bon pour moi, me dit-il; je ne puis te quitter ainsi au milieu du désert et je dois t'accompagner. Quand je suis en Algérie je suis Targui; mais ici dans mon pays, quand je suis près de toi et devant mes compatriotes, je suis Français... »

Je ne veux pas chercher ce qu'il y a au fond de ces protestations d'amitié : est-ce l'espoir de recevoir des cadeaux, est-ce la certitude de la nourriture assurée pendant un certain temps? Je n'oserais décider, mais je dois dire qu'Abderrhaman a fait tous ses efforts pour amener la réussite de mes projets et pour obtenir des Azdjer le passage pour moi sur leur territoire. De ce chef je lui dois donc une certaine reconnaissance.

Abderrhaman avait avec lui quatre personnes, parmi lesquelles un vieillard et une négresse. Les chameaux de ces gens revenaient de Ghdamès, où ils avaient porté des peaux chargées à Ghât; ils rentraient à leurs tentes avec leurs animaux haut le pied, sauf ceux d'Abderrhaman, qui portaient des étoffes et des provisions.

Nous quittons Tadjentourt avec la caravane targuie, qui,

sauf Abderrhaman, ne se séparera de nous que le plus tard possible, puisque nous la nourrissons.

Les pistes bien tracées du medjebed de Ghdamès à Ghât se déroulent sur une hamada ondulée recouverte de cailloux arrondis d'assez forte dimension. C'est le plateau d'Eguélé, et le massif central qui reste à notre gauche étend au loin sur notre route ses ramifications rocheuses séparées par des ravins et par des rivières. C'est d'abord la branche centrale du Tadjentourt, puis l'ouad Manzohate, où nous rencontrons une petite caravane de Foghas revenant de Ghât avec un chargement de peaux de chèvres tannées; ces chameliers nous demandent à manger d'un ton assez arrogant, prétendant qu'un Européen doit toujours avoir d'inépuisables provisions.

Vient ensuite l'ouad Taneghollé (le Feneck ou le petit renard), puis l'ouad Assekkifaf grande artère bordée au sud de quelques dunes et dans lequel nous recueillons des silex et des roches taillés.

On me signale sur le cours de cette rivière, à une assez grande distance en amont du point où nous la traversons, un atelier préhistorique considérable où se trouvent de nombreux silex taillés; en outre il y a là de hautes pierres cylindriques creuses dressées. Sont-ce d'énormes mortiers comme le croient les indigènes, ou sont-ce plutôt des colonnes ? — Il est difficile de décider sur de simples renseignements.

On m'apprend aussi que dans le haut Tassili, près du Mihero existent de grandes sculptures sur roches très curieuses et qui n'ont encore été indiquées par aucun Européen. Ni Erwin de Bary ni Duveyrier n'en n'ont parlé. Ce dernier a seulement noté la présence de sculptures semblables dans l'Akkâkous, au nord-est de Ghât, mais il n'a pu les visiter.

Un peu avant l'ouad Assekkifaf et depuis sa traversée le grès tend à se substituer partout au calcaire. Je recueille de très nombreux fossiles, parmi lesquels des empreintes de *Lepidodendron* en excellent état de conservation.

Nous sommes bientôt à l'ouvert de la vallée d'Issaouan, marchant sur une hamada pavée et semée d'énormes blocs de grès brun jetés çà et là dans un désordre chaotique et affectant toutes les formes.

Le sol est tellement rugueux que toute trace de sentier disparaît. Cette partie du plateau prend le nom touareg d'Amaselset et fait immédiatement suite à la hamada de Timozzouguine.

A partir de ce point nous descendons dans l'ouad Tikhamalt, ou du moins dans son estuaire, car cette région est pour ainsi dire la tête de l'Issaouan et le point où se réunissent diverses rivières tombant dans l'Erg ou dans l'Issaouan. Cette plaine basse est coupée d'îles de grès séparées par des thalwegs à maigre végétation jusqu'au moment où on dépasse le lieu nommé Saghen et où l'on tombe dans le lit véritable du Tikhamalt.

Saghen est une cuvette bordée de petites dunes où viennent se répandre et s'emmagasiner les crues et où l'eau séjourne fort longtemps. Ce lac temporaire, qui, lors du passage de Duveyrier, était rempli d'eau, se trouvait dans les mêmes conditions à mon arrivée, car de fortes pluies et une crue moyenne de toutes les rivières avaient eu lieu en décembre 1893, et l'eau douce se trouvait partout. Il n'avait pas plu dans la région depuis 1885.

Nous campons le 10 janvier sur les petites dunes du bord nord de l'ouad Tikhamalt. J'ai expédié mon guide targui Mohamed aux campements voisins des Kebar afin de les aviser de mon arrivée, de leur demander une entrevue et de leur expliquer à nouveau de vive voix mes desiderata qu'ils connaissent déjà par les lettres que je leur ai adressées en 1893 par Ouan-Titi. Nous allons donc attendre ici la venue des notables ou tout au moins leur réponse.

Le lit à sol argileux de l'ouad Tikhamalt a ici plus de

3 kilomètres de largeur ; il est semé de hautes buttes de sable couvertes de grands éthels et séparées par de véritables fourrés de tamarix et d'éthels sous lesquels, depuis la pluie, pousse une quantité de petites plantes, surtout du *tanekfaït*[1]. Au milieu de cette végétation courent capricieusement une multitude de petits lits mineurs, pour le moment pleins de boue. On y trouve, cachés dans les touffes, des gourbis d'Amghad (serfs) des Azdjer, qui font pâturer ici leurs moutons, leurs chèvres, leurs chameaux et leurs ânes.

Ce sont les premiers habitants du pays qui soient venus nous rendre visite et nous demander des cadeaux ou de la nourriture bien qu'ils aient de la farine et des troupeaux. Ces serfs appartiennent à Guedassen ; ils sont campés en ce point depuis que la crue y a laissé des flaques d'eau douce, bien qu'il y ait tout près d'ici des tilmas (en touareg *Iben-kar*) qui ne tarissent jamais quelle que soit la longueur des périodes de sécheresse. C'est là un des abreuvoirs des Azdjer quand les rivières n'ont pas coulé.

Les Amghad construisent leurs zeribas ou gourbis avec un certain soin : ils plantent des pieux de 1 mètre à 1^{m}50, disposés en rectangle ; ils ajoutent aux bouts deux pieux plus élevés, garnissent les parois en branches vertes ou en drinn et recouvrent le tout soit de peaux tannées, soit le plus souvent de branchages ou de drinn.

C'est la première fois que ces Amghad voient des Arabes et, pendant notre marche dans l'ouad, l'un d'eux montrant un de mes chambba demandait à Abderrhaman : « Qu'est-ce que c'est que cela ? » et non pas « quel est cet homme ? »

J'avais fait dresser à tout hasard une grande tente pour recevoir les notables si leur intention était de se rendre à mon camp. Les kebar n'aiment pas en effet à se reposer au milieu du menu peuple. Il paraît même que Guedassen et

______

1. Dyplotaxis Duveyrierana.

Moulay ne s'asseyent jamais l'un près de l'autre ; mais la tente peut se diviser en deux, ainsi l'oncle et le neveu auront des appartements distincts, puisque tel est leur bon plaisir.

Le 11 janvier, vers trois heures de l'après-midi, mon targui Mohamed revient me prévenir, précédant seulement de quelques centaines de mètres les notables Azdjer qui ont décidé de venir vers moi.

Ils sont en tout 18 cavaliers à mehari et, au point de vue artistique, leur arrivée au grand trot — Guedassen et Ikhenoukhen en tête — est du plus bel effet. Ils s'arrêtent d'abord un peu, près de la tente dressée pour eux ; puis descendent lentement de leurs mehara prenant le temps d'enlever leurs lances, leurs fusils, leurs boucliers, leurs sabres, leurs couvertures, tous objets embarrassants au plus haut point.

Ils se groupent enfin et s'accroupissent en rond sur le sable. Silence complet partout.

Je laisse — pour observer la coutume — s'écouler un quart d'heure, et je m'avance alors pour leur souhaiter la bienvenue. Ils répondent à peine.

Mon guide chef Chambbi prononce un véritable discours tendant à prouver que *nos cœurs sont comme du lait pour eux*, etc. Guedassen répond quelques mots vagues qui signifient que c'est bien, et qu'il pense comme son interlocuteur.

J'ai beau savoir que le cérémonial targui comporte toujours une grande froideur, je ne puis m'empêcher de penser que les relations ne peuvent qu'être bien difficiles avec des gens aussi peu communicatifs.

Je leur fais servir le café et nous les laissons s'installer sous leur tente. On va leur préparer une diffa pour laquelle j'ai fait abattre le moins maigre de mes chameaux.

Tout est terminé pour cette journée, ainsi le veut l'étiquette chez les Touareg. Ce n'est que demain que nous pourrons nous entretenir de choses sérieuses.

Parmi les notables venus à mon camp, les plus importants sont Guedassen, Mohamed-ben-Ikhenoukhen et Moulay-ag-Khaddadj.

Guedassen est le chef actuel des Azdjer; c'est un homme grand et fort, mais un peu lourd, d'une trentaine d'années. Il parle un peu l'arabe, mais il est extrêmement sourd, ce qui ne contribue pas peu à rendre difficiles les explications avec lui.

Affilié à la secte des Senoussi, et fidèle à son mot d'ordre, il est peu favorable aux Européens en général, et non seulement il laisse deviner, mais encore il déclare qu'il préférerait de beaucoup les voir rester chez eux.

C'est lui qui, l'an dernier, recevant une lettre de Mohamed-el-Aroussi, le marabout tidjani de Guemar, qui l'invitait à venir en mïad en Algérie, disait :

« Mais ce musulman est donc devenu chrétien! Croit-il que je vais aller ainsi me mettre entre ses mains et entre celles des Français? »

C'est un homme brusque et violent auquel manque absolument le moelleux diplomatique que l'on est habitué à rencontrer presque toujours chez les Arabes et chez beaucoup de Touareg. Il est probable que s'il donnait de sa personne et qu'il voulût accompagner un Européen sur le territoire des Azdjer, il ne rencontrerait peut-être pas d'opposition, ou que du moins il la briserait. C'est ainsi du reste qu'agissait autrefois le vieil El-Hadj-Ikhenoukhen, très craint de tous à cause de l'emportement de son caractère et de la vigueur de son bras.

Guedassen n'agit ordinairement pas seul, mais seul il est le pouvoir exécutif; ses parents sont toujours consultés : Moulay, Mohamed Ikhenoukhen, Anakrouft, etc., mais en dernier ressort c'est lui qui décide.

Mohamed-ben-Ikhenoukhen, plus âgé que Guedassen, est un homme jeune encore, à figure sympathique, à tenue plus soignée, plus élégante quoique moins prétentieuse que celle de Guedassen. Personne là-bas ne l'appelle autrement que *Sidi Mohamed*, et il est universellement aimé. Sa connaissance de l'arabe rend les affaires faciles avec lui, et il met du reste toute l'aménité possible dans les relations. Homme pondéré, clairvoyant et très calme, il est le seul qui ait compris — et qui me l'ait dit — qu'il voyait avec plaisir les tentatives faites par les Européens pour pénétrer dans son pays.

« Et pourquoi en serait-il autrement? me dit-il. Quand vous venez, vous nous apportez des cadeaux, vous nous payez des droits de passage, vous prenez à votre solde des hommes de chez nous, vous louez nos chameaux ; nous avons donc tout intérêt à vous bien recevoir et à provoquer même votre venue ici. »

Malheureusement, les autres ne pensent pas tout à fait comme lui et semblent avoir la crainte que les Français n'envahissent leurs solitudes de pierre et de sable.

Mohamed-ben-Ikhenoukhen a gardé le souvenir très vivant de Duveyrier, notre regretté collègue et ami, qui portait dans le Sahara le nom de *Si-Saâd*, le seul que connaissent les Touareg.

Mohamed a conservé divers souvenirs laissés par l'illustre voyageur, entre autres une petite coupe d'argent qui est actuellement entre les mains de sa sœur, femme de Moulay. Lui-même est encore possesseur d'une bague d'or que lui a donnée le colonel Flatters à son premier voyage.

Mohamed-ben-Ikhenoukhen est aussi un peu considéré comme marabout. Il exerce l'hospitalité envers ses compatriotes d'une façon relativement assez large. Il n'est pas rare de voir des Imanghassaten ou d'autres Azdjer venir de fort loin, uniquement pour se faire nourrir par lui pendant deux ou trois jours. Il y a le revers de la médaille, et il sait aussi demander, quoiqu'il soit très riche ; mais au moins il le fait avec bonne grâce et discrétion, tandis que les autres y mettent une insistance et un sans-gêne incroyables.

Au demeurant, Mohamed-ben-Ikhenoukhen est la plus grande, la plus loyale et la plus sympathique figure des Azdjer; les Européens n'auront jamais, j'en suis sûr, qu'à se louer de lui. Je crois très fermement, du reste, que c'est à Duveyrier et à son séjour prolongé dans la famille de cet homme qu'il faut attribuer cette attitude d'Ikhenoukhen. Il est profondément regrettable, pour les explorateurs sahariens français, que Mohamed ne soit pas le véritable chef et le détenteur du pouvoir exécutif; les relations seraient alors très faciles et on pourrait en toute sécurité parcourir le territoire des Azdjer. C'est pour cette raison que j'ai tenu tout particulièrement à soigner Ikhenoukhen et à m'attirer ses bonnes grâces, persuadé que je n'aurai perdu ni mon temps ni mes cadeaux.

L'autre notable que j'ai cité plus haut, Moulay-ag-Khad-dadj, n'a aucune espèce de pouvoir. Grand et maigre, et déjà âgé, c'est ce qu'on peut appeler un brave homme, dans le cerveau duquel ne germera jamais l'idée d'une trahison. Parlant avec plus de volubilité que ses congénères, il est peu écouté et personne ne le prend réellement au sérieux. Très disposé à être aimable, il se met à votre disposition avec de grandes protestations de dévouement.

C'est lui qui, questionné par moi pour savoir s'il consentait à m'accompagner vers le sud, tira lentement son poignard de bras et, me le présentant par la poignée, me dit gravement : « Je suis la chair et toi tu es la lame. Prends ce couteau et coupe le morceau que tu voudras, je suis entièrement ton serviteur... »

Plus tard, quand je l'ai vu impuissant à me faire continuer ma route dans l'ouad Mihero, je lui ai tenu le même langage, et lui tendant à mon tour mon couteau, je lui ai dit : « C'est moi maintenant qui suis la chair et toi qui es la lame; coupe donc, puisque je suis entre tes mains et que je ne puis rien faire que par toi... » Il s'est mis à sourire, mais je ne suis pas bien sûr qu'il ait compris.

Moulay parle et comprend assez mal l'arabe, mais cependant il peut, au besoin, se passer d'interprète.

Un notable important, Anakrouft, était absent au moment de mon passage; il s'était dirigé depuis un mois vers l'Aïr. Si j'avais eu la chance d'arriver avant son départ, il est fort probable que j'aurais pu le suivre jusqu'au bout et gagner avec lui au moins Tchintaghoda; il eût été pour moi un porte-respect suffisant pendant la route.

Le lendemain, long palabre avec les notables, auxquels je ne fais que répéter la teneur de mes lettres à eux adressées au printemps de 1893 par l'entremise de Ouan-Titi; à savoir que je leur demande de me faire traverser leur territoire du nord au sud, dans la direction de l'Aïr où je veux pénétrer; s'ils préfèrent me faire passer par Ghât, j'accepterai cette route; mais je leur dis que j'aimerais, — pour ne pas doubler des itinéraires déjà connus, — remonter l'ouad Mihero et l'ouad Dider, descendre la falaise du Tassili et, de là, rejoindre la route habituelle de l'Aïr.

Je me présentais à eux, comme je l'avais toujours fait, comme voyageur scientifique, — terme qui figurait du reste dans les lettres en arabe émanant de M. le Gouverneur général de l'Algérie; — je leur donnais l'assurance que la France ne désire qu'une chose : vivre en bonnes relations avec eux et voir s'établir un courant amical entre eux et nous.

Je me gardais bien de leur parler de commerce ou de transit commercial, ces questions semblant les irriter et les inquiéter, comme s'ils se sentaient menacés dans leur monopole.

Après cet exposé commencent de longs et confus pourparlers qu'il serait trop long d'analyser. Les notables étaient déjà au courant, comme je l'ai dit, de mes intentions tant par mes lettres antérieures que par mon guide Mohamed.

Je réponds à leurs diverses objections, et, après d'interminables discours, il est finalement entendu qu'ils me feront traverser leur territoire par le chemin de l'ouad Mihero, mais seulement jusqu'au mont Anahet, par environ 23° de latitude nord, limite qu'ils assignent eux-mêmes au pays soumis à leur domination.

Ils exigent que je me fasse accompagner pendant ce voyage par Moulay-ag-Khaddadj, ce que j'accepte immédiatement.

J'étais heureux de cette solution qui me mettait décidément en route, et en bonne route, puisque c'était un itinéraire entièrement nouveau, et qui devait me faire traverser un massif montagneux très important, jusqu'alors inexploré ; car Erwin de Bary s'était rendu au lac Mihero en venant directement de l'est et en partant de Ghât même.

J'étais à une de ces heures où, après une lutte acharnée, on vient de remporter une victoire, et où on éprouve une vive satisfaction et une sorte de bien-être moral extrême ; c'était le fruit prêt à cueillir de trois années d'efforts et de démarches. Hélas ! il m'a fallu depuis en rabattre. Mais n'anticipons pas.

Il ne me restait plus qu'à distribuer les cadeaux aux notables suivant leur importance. Ces cadeaux se composaient d'argent, d'étoffes et de tapis, le tout s'élevant à une forte somme, du reste. J'ajoutai, pour Guedassen et sur sa demande, un de mes mehara et un chameau-étalon. De plus, je payai le *hadda* ou droit de passage chez les Azdjer. Ce droit a été fixé arbitrairement à 500 francs, parce que Duveyrier leur a donné autrefois cette somme ; mais il n'a aucun rapport avec les droits ordinaires exigés des caravanes de commerçants traversant le pays des Touareg.

Il me fallait maintenant congédier mes hommes, dont la solde devenait trop lourde pour ma bourse, étant donné surtout que je pouvais espérer aller beaucoup plus loin ; renvoyer ceux de mes bagages et de mes chameaux qui m'étaient inutiles, et louer quelques chameliers touareg pour le service de mon convoi, service que n'eussent pu faire seuls les trois chambba que je conservais près de moi.

J'avais bien proposé aux Touareg de leur louer des chameaux pour le voyage que j'allais entreprendre, — voulant ainsi leur ménager une nouvelle source de bénéfices et me ranger à la coutume qui veut que l'on prenne chez eux les animaux de charge, — mais ils me répondirent que leurs troupeaux étaient très maigres, qu'ils ne pourraient supporter les fatigues du voyage, qu'ils préféraient en somme me voir employer mes propres animaux.

Je choisis donc les vingt chameaux les plus résistants de mon convoi et je renvoie les autres avec mes chambba, qui emportent aussi en Algérie mon courrier et mes documents de mission jusqu'à ce jour.

Je prends d'autre part cinq chameliers Touareg tous Amghad et, ainsi équipés, nous nous mettons à remonter l'ouad Tikhamalt pour gagner le campement des notables établi dans des dunes situées dans la rivière, en un point nommé Afara-n-Ouechcherane.

La scène des adieux entre mes chambba et moi avait été absolument touchante; ils me saluaient comme un homme que l'on ne doit plus revoir. — Deux surtout, des plus attachés à ma personne et qui me servent depuis plus de dix ans, — pleuraient à chaudes larmes, et j'ai eu peine à leur faire prendre la route du nord.

L'ouad Tikhamalt est ici très large, parsemé d'îles et couvert d'une végétation extrêmement gênante pour la marche d'un convoi. Tamarix gallica et articulata y sont presque seuls représentés et ces derniers atteignent parfois dix mètres de hauteur avec de très beaux diamètres.

Çà et là des thalwegs pleins d'eau nous arrêtent et nous sommes forcés de les contourner. Il faut bien suivre les rivières, les hamada de bordure sont inabordables, car les grès bruns qui les constituent sont trop durs pour le pied des chameaux; on n'y trouve du reste aucun sentier, les rivières sont partout ici utilisées comme grandes routes, aussi après les pluies les caravanes doivent s'arrêter, leurs grandes routes devenant tout à fait impraticables.

Nous campons dans l'ouad même et tout près des tentes des notables, qui nous ont précédés d'un jour.

A partir de ce moment nous avons toujours des visiteurs au camp, notables ou autres. Tous demandent quelque chose. Ceux qui possèdent des fusils nous les apportent à réparer; c'est ainsi que passe par nos mains un vieux Vetterli hors d'usage et beaucoup moins redoutable qu'une simple lance.

On me harcèle de questions de toute nature. Guedassen, par exemple, me demande : « Quel est le premier Européen qui a vu Ghât et quelle était sa nationalité? ou bien « N'y a-t-il pas état de guerre entre la France et la Tripolitaine? » Il devait sans doute faire allusion à la rupture récente des négociations au sujet de la délimitation tuniso-tripolitaine.

Il est aussi fort inquiet de la question du chemin de fer transsaharien; étendant le bras vers le sud et me montrant au loin les crêtes aiguës du Tassili, il me dit : « Tu vois cette montagne, c'est le Tassili; jamais les Européens ne l'ont encore traversée; jamais non plus ils n'y feront passer un chemin de fer tant qu'il y aura un Azdjer vivant. Du reste tu verras combien elle est difficile et tu jugeras toi-même que nul homme au monde ne pourrait réussir une pareille entreprise. »

Je n'avais pas à lui répondre que l'on peut faire passer une voie ferrée où l'on veut et je lui répliquai simplement : « Tranquillise-toi, je ne veux que la traverser à pied ou à chameau. »

Je m'étais du reste et dès le principe placé vis-à-vis d'eux dans la position suivante : à savoir que j'étais un curieux désirant voir leur pays que je ne connaissais point, y étudier les plantes, les roches, les animaux, mais qu'à part ces études nul autre souci ne m'agitait. J'ai pu constater que

c'était là la meilleure position à prendre et que c'était le
meilleur moyen de gagner leur confiance.

On me demandait aussi si les Français avaient bâti un
bordj à Inifel et s'il était occupé, et surtout quel mobile
pousse en général tant d'Européens à traverser le Sahara
pour arriver au Soudan.

« Croyez-vous donc chez vous, me disait Guedassen, qu'il
y ait tant à gagner au Soudan? Pensez-vous que ce pays
fasse un commerce considérable? Pourquoi — vous qui pos-
sédez des montagnes d'or et d'argent où vous n'avez qu'à
prendre la matière pour frapper des monnaies — venez-vous
en ce pays où les gens sont pauvres et où l'on gagne sa vie
à la pointe de sa lance? »

Je suis aussi questionné par Ikhenoukhen et Guedassen sur
la façon d'interpréter un des articles de la convention de
Ghdamès; c'était à propos de mon droit de passage, que chacun naturellement convoitait. Je leur expliquai que ce droit
devait revenir aux mains du chef actuel, l'article visé disant
qu'il sera versé à Ikhenoukhen ou à tout autre qui lui suc-
cédera et représentera le pouvoir après lui.

J'ai su depuis que la somme remise d'abord entre les
mains d'Ikhenoukhen était retournée entre celles de Guedassen après mon explication.

Ikhenoukhen tient la convention comme absolument en
vigueur, et je dis à ce sujet à Guedassen qui m'interroge
que lorsque les Français ont signé un accord quelconque
ils l'exécutent rigoureusement et loyalement et qu'ils se
considèrent comme absolument engagés. Il me répond alors
que lui-même pense de la même façon.

Il n'en est pas moins vrai — comme je le disais ici même
l'an dernier — que très peu de Touareg, en dehors des notables, connaissent l'existence de ce tout platonique traité.

Bien que nous soyons à moins de 500 mètres de sa tente,
Mohamed-ben-Ikhenoukhen nous a fait sa visite monté sur
une assez belle jument. Il arrive au galop faisant un effet

superbe avec son costume très soigné et plein de goût, ample et flottant. On est tout surpris de voir un cavalier dans ce pays de mehara, où il faudrait faire des milliers de kilomètres pour trouver d'autres chevaux.

Dans l'après-midi du lendemain, tous les notables étant devant ma tente, je leur fais servir du café et je leurs fais un cours d'histoire des Azdjer, grâce aux documents laissés par Duveyrier et à quelques autres renseignements plus récents. Jamais je n'ai vu d'hommes aussi stupéfaits de trouver un Européen si bien informé, leur ébahissement augmente quand je leur désigne par leurs noms les différentes montagnes en vue. A leurs questions à ce sujet je réponds que l'on ne vient pas visiter un peuple avant d'avoir préalablement appris son histoire et celle de son pays.

Après une assez longue station et pendant que je distribuais quelques médicaments, Ikhenoukhen se lève et me dit en souriant : « Voilà nos femmes qui arrivent; nous allons rentrer à nos tentes. »

Elles étaient bien une vingtaine, parées de tous leurs atours, c'est-à-dire le corps entier enveloppé d'un haïck ou couverture blanche — je dis blanche, mais c'est une façon de parler, car elles sont plutôt d'un jaune très sale — c'est une étoffe de laine assez épaisse, en tout semblable à celle des burnous arabes ou des chemises de laine des Chambba. Les femmes s'accroupissent sur des couvertures auprès de ma tente et rient pour la plupart en se cachant la figure avec les mains. Bientôt elles s'enhardissent, l'exemple étant donné par deux ou trois gamines, et toutes tiennent à voir l'intérieur de ma tente, dont je fais alors relever les portes.

Une de leurs grandes joies est de manœuvrer sans relâche un obturateur photographique à poire de caoutchouc dont le déclanchement rapide et sec leur semble tout à fait merveilleux et surnaturel. Il me faut faire des efforts pour le leur arracher des mains et le conserver à peu près intact.

Je leur distribue des cadeaux en argent et en étoffes,

mais l'argent leur plaît davantage. C'est la sœur d'Ikhenoukhen, la personne la plus titrée et la plus âgée du groupe,
qui est chargée du partage.

L'une d'elles, sortant avec précaution de dessous sa couverture un petit flacon enveloppé de chiffons, me le passe
en me demandant contre quelle maladie doit être employé
le remède qu'il contient. Je développe le précieux paquet et
je me trouve en présence d'un flacon d'essence de verveine,
portant l'étiquette d'un grand magasin de Paris; je réponds
donc à mon interlocutrice anxieuse que ce liquide est tout
simplement un parfum et non pas un remède.

Ces femmes ont les cheveux d'un noir brillant admirable,
frisés et séparés en un certain nombre de tresses.

Leurs figures sont ovales, elles ont le nez fin et de très
beaux yeux; mais on ne peut pas dire — du moins parmi
celles que j'ai vues — que ce soient des beautés; c'est donc,
purement par politesse que j'ai répondu à Ikhenoukhen,
qui m'interrogeait à ce sujet, que les femmes targuies
étaient fort jolies. Je savais au surplus que dans le groupe
il y avait au moins deux de ses sœurs, deux de ses filles et
beaucoup de ses nièces.

Après le départ des femmes je me rends aux tentes des
Touareg, perdues dans des massifs épais de grands éthels.
Ces tentes sont ainsi construites : une partie rectangulaire
entourée de pieux de 1 mètre à 1 m. 20 qui aident à fixer
debout les parois verticales de la tente, composées de nattes;
le dessus est recouvert de peaux très bien tannées, tantôt
brun rougeâtre, tantôt rouge brique. Devant l'entrée de la
tente sont plantés des pieux d'un mètre de haut destinés à
fermer le devant de la tente et à former une sorte de cour
entourée de nattes qui se fixent à ces pieux mêmes.

Ces nattes — qui sont l'ouvrage des femmes — sont fabri-
quées avec des tiges de mrokba (sorte de graminée commune
même dans le sud algérien) posées parallèlement et réunies
entre elles par une série de petites lanières en cuir de chèvre.

Dans l'intérieur des tentes on voit des sacs de cuir, un bouclier, un palanquin très léger, des selles à mehari, etc., le tout d'apparence très propre, peut-être parce que ma visite était annoncée, mais je ne saurais l'affirmer.

Il y a là toute une population de gamins, de petits négrillons et négrillonnes, tous à demi nus; les uns, la tête rasée et ne conservant qu'une simple auréole composée d'une ligne verticale de petites mèches allant de la nuque jusqu'au front; les autres — les petites filles — avec une multitude de tresses de chaque côté de la tête.

Tout cela grouille, mais, à l'encontre des autres races, personne ne crie.

Les tentes des nègres ou négresses ont un tout autre caractère : quelquefois c'est un simple chiffon dressé en demi-cercle au pied d'une touffe, accompagné de deux ou trois paquets d'autres chiffons, garde-robe du nègre ou de la négresse, accrochés au-dessus de sa tête dans les branches de l'arbuste; un peu plus loin c'est un bout de natte de trois ou quatre mètres, développé aussi en demi-cercle maintenu debout par des morceaux de bois quelconques qui la dépassent irrégulièrement et auxquels sont fixés quelques chiffons et quelques vases en bois, seuls ustensiles de ménage. Jamais de toiture à ces misérables cases, mais des bibelots et des guenilles indéfinissables accrochés un peu partout.

Heureusement qu'il pleut rarement dans ce pays, car les locataires de ces singulières habitations risqueraient fort d'être souvent arrosés.

Les Touareg font faire en ce moment-ci quelque peu de cultures par leurs nègres aux points où le sol des rivières leur permet de répandre du blé, sur des espaces très restreints toutefois; entre autres dans l'ouad Tarat, puis à Oursel et dans l'ouad Mihero. Certains de ces nègres reviennent précisément aux tentes pendant ma présence, en même temps qu'un autre nègre courrier qui arrive de Ghât et qui annonce la mort du pacha de Mourzouk et l'arrivée à Mour-

zouk d'une importante colonne turque devant très probablement se diriger dans la suite sur Ghât.

Les Azdjer ont encore quelques autres points du même
genre où ils font des apparences de culture. L'un d'eux est
situé dans le haut de l'ouad Tidjoudjelt, au lieu dit Aghaghar.
Il y a là près de 6,000 palmiers tous poussés de noyaux et non
point plantés, qui fournissent une certaine quantité de
dattes de mauvaise qualité. Ces palmiers sont dans le lit
même de la rivière, et lors des crues, leurs troncs sont
submergés.

Ce n'est évidemment pas sur ces cultures — qui au reste
n'ont chance de réussir qu'après des crues ou des pluies
toujours très rares — que les Azdjer peuvent vivre ; aussi
sont-ils presque toujours dans une situation précaire au
point de vue de la nourriture.

Les marchés sur lesquels ils peuvent se procurer le blé
sont très éloignés de leurs points de pâturages, et souvent
même le blé manque sur certains de ces marchés. Ainsi à
Ghât — où la vie est très intense et très active pendant trois
ou quatre mois, mais qui est une ville absolument morte
pendant tout le reste de l'année — il n'y avait même pas
moyen de trouver une mesure de blé il y a cinq ou six jours
(15 janvier). Un nègre d'Ikhenoukhen revenu hier de Ghât
a ramené ses chameaux à vide, n'ayant pu se procurer dans
cette ville les deux sacs de blé que son maître l'avait chargé
d'y acheter.

Je disais donc que les Azdjer sont constamment dans une
situation précaire au point de vue de la nourriture, et le plus
souvent leurs aliments ne se composent que de lait, de
fromage et de ces orobanches, si communes dans les terrains
sableux, que les Arabes nomment dhanoun et les Touareg
ahéliouine[1]. Il consomment aussi après cuisson une cruci-
fère qui, après les pluies, jonche le sol chez eux et qu'ils

1. Phelippea violacea.

appellent tanekfaït; c'est le Dyplotaxis Duveyrierana des botanistes déjà cité.

Le pays est non seulement dur pour les hommes, mais aussi pour les bêtes, qui doivent se contenter de la flore des rivières, c'est-à-dire : tamarix divers, drinn, harta et quelques petites plantes qui ne poussent comme cette année qu'après les crues.

Mes chameaux, accoutumés à un Sahara meilleur et plus varié, font une triste figure et ne mangent ces végétaux que parce qu'ils sont poussés par la faim.

On m'amène la veille de mon départ une chamelle blanche en diffa. Ikhenoukhen me dit : « Je veux que tu fasses savoir en France que les autres notables Azdjer et moi nous t'avons fait présent de cet animal; c'est le plus beau cadeau que nous puissions faire d'après nos coutumes. Je le remercie et lui réponds : « Remets cette chamelle avec tes troupeaux; je la prendrai plus tard quand je reviendrai, et, quoi qu'il arrive, je dirai en France ce que tu désires que l'on sache. »

Il y a quelques Imanghassaten au campement de mes hôtes. Ils participent aux longs palabres qui ont lieu toute la journée; ils sont franchement hostiles aux Européens.

Tout le monde prétend qu'à la suite des pluies l'ouad Mihero est à peu près impraticable; or il constitue la seule route possible à suivre et il est encaissé dans le Tassili, qui est inabordable à cause de la dureté des roches qui le forment.

La rivière est en effet très resserrée, un peu plus en amont, entre de hautes falaises à pic. La végétation est très touffue et se compose de tamarix et de lauriers-roses, et il y a, paraît-il, de nombreuses flaques de boue; de plus s'il survenait une crue, hommes, animaux et bagages seraient perdus sans rémission, attendu que l'escalade des berges est impossible. Cet accident s'est du reste produit plusieurs fois.

Il paraît qu'au sommet du Tassili il tombe de la neige et qu'elle reste très longtemps sur le sol pendant les mois d'hiver ; les habitants en souffrent, et comme ils sont généralement fort mal vêtus, ils ajoutent à leur costume une sorte de manteau formé de peaux de chevreau ou d'agneau, qui se porte le poil en dedans, ce qui les rend chauds et imperméables. J'ai vu bon nombre de Touareg affublés de ce vêtement qui leur donne l'aspect d'un animal étrange.

Quoi qu'il en soit, et malgré les tergiversations des notables, je me mets en route avec mes trois hommes et mes chameliers touareg. Ces derniers ne font absolument rien et force nous est de charger les animaux avec nos trois chambba.

Nous remontons la rivière, très large et semée d'îles qui portent des noms harmonieux dans ce genre : *Akhsansioua, Némassakni,* etc. Les berges sont formées de grès, bruns à l'extérieur, et le sol de l'ouad est d'argile sableuse avec de nombreuses parcelles provenant des schistes du lit supérieur ; c'est ici seulement que commencent à paraître les débris de cette nature, mêlés de temps en temps de laves cellulaires provenant aussi du haut Tassili.

Nous campons au pied du gour Isouitar, où nous rejoint Mohamed-ben-Ikhenoukhen. Ce dernier arrive assez tard et bientôt suivi d'un assez grand nombre de djouad (nobles) venant de Ghât et des environs.

Il me faut hospitaliser tout ce monde et leur faire des cadeaux. C'est une véritable obsession et si ce pays ne portait déjà un nom, je proposerais de le nommer *le pays des mendiants.* On me présente toujours les nouveaux arrivants comme des dignitaires, ou cousins de dignitaires, ou secrétaires ou nègres de dignitaires, et si on ne leur donne pas, ils vous menacent.

Un nègre que j'oubliais m'a dit : « A celui qui ne me donne rien, je lâche dans les jambes tous les chiens de mon maître »

Combien Erwin de Bary avait raison lorsqu'il décrivait le caractère des berbères voilés !

Ikhenoukhen m'envoie un mouton et dîne avec nous ; il m'avertit que Guedassen viendra nous rejoindre demain probablement. Nous causons longuement et il me donne quelques avis dans ce genre : « Je t'engage à garder soigneusement tes sacs à provision, car on essayera de te les voler, sois-en certain ; si je laissais pâturer ma jument en liberté, le lendemain matin, non seulement je ne la retrouverais pas mais même je ne retrouverais pas sa trace, les gens l'auraient prise, dépecée et mangée ; il y a ici une famine constante. »

Il termine par des conseils de prudence et par des protestations d'amitié et de dévouement qui, de sa part à lui, me paraissent sincères : « N'oublie pas, me dit-il, que tu as rencontré à Timassânine une caravane de Touareg ; or elle a répandu partout la nouvelle de ton passage. Cette nouvelle est parvenue chez les Ahaggar, et je ne puis que te dire : Prends garde. »

Ikhenoukhen ne se fait pas d'illusion sur sa situation et il comprend fort bien que le prestige du nom de son père ne se continue pas sur sa tête. Il sait qu'il ne jouit pas de la même grande autorité absolue qui caractérisait la puissance d'El-Hadj-Ikhenoukhen et qui était le résultat de sa violence et de son caractère audacieux et résolu.

Tout cela est dit d'un ton digne, d'une façon toute correcte et d'une voix extrêmement douce et chantante, dans un arabe un peu hésitant, mais très facile à comprendre.

Je le répète, Mohamed-ben-Ikhenoukhen est l'homme le plus sympathique, le plus affable et le plus clairvoyant des Azdjer. Combien n'est-il pas regrettable pour nous qu'il ne soit pas le chef suprême !

Le lendemain matin Ikhenoukhen vient prendre congé de moi au moment de mon départ : il regrette de ne pouvoir m'accompagner, mais il a des hôtes nombreux, des Imanghassaten qui viennent d'arriver.

La route continue à remonter la rivière, tantôt dans son lit couvert de la même végétation, tantôt sur la rive gauche. Des dunes assez élevées bordent sa rive droite.

L'horizon devant nous est fermé au loin vers le sud par un profil de hautes montagnes en dents de scie, à teinte d'un bleu violacé sombre, le tout hérissé d'une infinité de pics aigus.

Nous sommes entourés de nuages de sauterelles qui s'avancent vers le nord-ouest, venant de Bilma, où elles ont tout détruit. Elles ne vont pas tarder à faire disparaître la jeune végétation naissante que les pluies de décembre ont produite.

Nous avons dépassé les points d'eau de Tafersine, Tadjenout et Oursel, trous profonds au milieu de l'ouad.

Ce n'est que le soir que Guedassen me rejoint avec trois ou quatre mehara d'escorte. Il est plus renfrogné que jamais et me fait demander un entretien, entretien qui dure de longues heures et dont voici le résumé :

Guedassen ne veut plus maintenant me laisser marcher de l'avant, s'appuyant sur une vieille histoire de chameaux razziés autrefois par des tribus algériennes et non restitués aux Azdjer, dont il avait été déjà plusieurs fois question entre nous.

Il me dit qu'il pensait que je n'irais que jusqu'à leurs tentes et qu'ensuite je consentirais tout simplement à tourner bride après une excursion de deux ou trois jours.

Je lui fais remarquer que ce n'est pas du tout ce qui a été convenu dans notre première entrevue, et que j'avais bien spécifié ma volonté de traverser tout le territoire, que ce n'est qu'en échange de cette autorisation que j'ai versé le droit de passage, et que me retenir après ce versement est une véritable déloyauté.

Il me répond, alors que, si je l'exige, il me rendra

l'*hadda*, bien qu'il considère qu'il lui soit acquis rien que de ce fait que je suis venu chez lui sain et sauf et reparti de même.

Guedassen finit par me déclarer qu'il a des craintes à mon sujet; que je serai attaqué, etc... Il essaye même en fin de compte de me persuader que c'est pour cette unique raison qu'il s'oppose maintenant à mon passage, que c'est là sa seule préoccupation.

Il m'est impossible d'ajouter foi à ses déclarations nouvelles après tout ce qui s'est passé entre nous. Mais si son affirmation était vraie, il me ferait là l'aveu le plus net de son impuissance comme chef et me confirmerait dans l'idée que l'Amenokal n'existe que de nom et n'a aucune espèce de pouvoir.

Nous discutons longtemps, et enfin, avec la plus grande difficulté, j'obtiens qu'il me laissera pousser au moins jusqu'au lac Mihero.

Bien évidemment Guedassen serait enchanté de me voir rentrer de suite, et il ne cède sur ce point qu'à la pression et à l'insistance de Moulay et à l'opinion d'Ikhenoukhen, qu'il sait m'être favorable.

Je suis du reste peu surpris de cette attitude de l'Amenokal, ayant appris — je le répète — que ce chef est affilié à l'ordre des Senoussi.

De plus il est certain que Guedassen savait que j'allais rencontrer une résistance à mon passage un peu plus au sud, et il eût été heureux, en m'empêchant d'avancer, qu'elle ne se produisît pas, parce qu'elle me permettait de répéter ce que j'ai déjà dit, que les chefs touareg n'étaient pas chefs absolus, mais que chacun d'eux commande à sa guise.

Guedassen — à qui les Européens sont peu sympathiques — ne voulait pas se déranger pour eux, et payer de sa personne, que l'on craint, et en agissant ainsi il me laissait clairement voir que ses ordres n'étaient pas écoutés et que son mandataire près de moi, Moulay, ne jouissait d'aucune autorité, même quand il le représentait.

Après ces aimables conciliabules, Guedassen rentra à son campement, et je me remis en route ayant encore l'espoir qu'à Mihero les circonstances me permettraient peut-être de continuer.

Nous avons autour de nous de nouveaux et nombreux mendiants accourus des campements voisins pour prendre part à la curée et demander argent et vivres. Ces hommes sont visiblement pauvres et ne doivent pas tous les jours satisfaire leur appétit.

Les gour Isouitar, que nous avons laissés derrière nous, sont en quelque sorte les dernières manifestations septentrionales du Tassili. Au sud de ces gour le terrain s'ondule et la montagne s'accentue jusqu'aux hauts sommets du Tassili du sud, qui retombe ensuite en pente rapide sur la hamada d'Admar.

Le grès s'est ici substitué à toutes les autres roches, et ses stratifications sont séparées par des couches de marnes à apparence schisteuse.

Nulle végétation, excepté dans les rivières, et toujours composée de tamarix, sauf dans l'ouad Erérha, où végètent quelques gommiers rachitiques.

A partir de cet ouad, qui est un affluent de gauche du Mihero, ce dernier se déroule entre de hautes falaises de grès presque noirs. Son lit ne dépasse plus 250 mètres de largeur et, en amont, il se rétrécit encore et s'encaisse davantage, mais toujours sa végétation est bien fournie.

Nos chameliers touareg continuent non seulement à ne rien faire, mais encore à se moquer visiblement de nous ; le mot de *Koufar* (les infidèles) se répète fréquemment dans leurs conversations, et ils y accolent un certain nombre d'épithètes malsonnantes, mais en langue touareg, ce qui fait que nous les comprenons peu.

Que faire à cela ? Il faut y mettre de la patience, puisque

nous ne sommes pas les maîtres et que nous nous trouvons à la discrétion de ces gens-là. Moulay essaye bien de temps en temps de les rappeler aux convenances, mais il a affaire à des jeunes gens qui l'écoutent peu.

Un de nos chameliers, Bakha, homme déjà âgé, est le seul qui ait été convenable et même aimable pour nous.

Bien que sa qualité d'amghidi, c'est-à-dire de serf, dût lui interdire de se mêler avec insistance aux discussions des chefs, il y prenait cependant une part active, et, élevant la voix, il défendait vigoureusement et très bruyamment ma cause. Il avait avec cela le même défaut que les autres; il ne travaillait jamais, sa seule occupation consistant à se bourrer le nez, sans trêve ni repos, d'une poudre de tabac qu'il obtenait en pulvérisant les feuilles de cette plante entre deux pierres. Tous les Touareg, du reste, prisent sans relâche et ne peuvent se passer de poudre de tabac.

Un des grands ennuis qu'éprouvent les Européens en employant des Touareg comme caravaniers, c'est qu'ils ne se décident à partir le matin que fort tard, vers 9 ou 10 heures. Ils marchent ensuite toute la journée, et le soir, au campement, ils entravent leurs chameaux et les laissent libres de pâturer toute la nuit, si bien que le lendemain matin il faut un temps assez long pour réunir le convoi au campement.

Ils attachent tous leurs chameaux à la file indienne — jusqu'à trente ou quarante animaux — au moyen d'un nœud coulant qui saisit la mâchoire inférieure de l'animal et qui va s'attacher au bât de celui qui le précède. Cette façon de procéder ne permet de marcher qu'avec lenteur; mais elle a l'avantage de faire conduire une caravane importante par deux ou trois hommes seulement, montés sur les chameaux de tête et de queue. Je le répète, ce système, qui a son bon côté, ne permet pas de marcher vite, surtout dans les ravins tortueux ou au milieu de la végétation élevée des rivières.

Une caravane menée comme celle de nos nomades d'Algérie, c'est-à-dire les chameaux libres et poussés à l'arrière par les caravaniers, fait un tiers de route de plus, tout en campant vers trois heures, et en supposant que l'on soit parti — comme je le faisais toujours — un peu avant le lever du soleil.

Du reste, pour employer le système de la file indienne, il est indispensable d'avoir des animaux absolument dressés, sinon, au bout d'un quart d'heure, toutes les charges sont à terre.

Le 19 janvier, nous cheminions dans l'ouad Mihero, un peu en avant de la caravane, lorsque nous voyons déboucher de notre gauche des cavaliers à mehara, dont l'un était Cheikh-ben-Mohamed, des Azdjer, monté sur un superbe mehari blanc et vêtu d'un caftan à glands d'or. Il tenait sa lance par le bout aplati et nous montrait d'une façon menaçante.

Cet homme interpella Moulay d'une voix élevée et furieuse, et entama avec lui une discussion des plus violentes, dans laquelle il prétendait empêcher les infidèles de faire un pas de plus sur son territoire.

Il paraît que l'ouad Mihero lui appartient. Les rivières, en effet, sont toutes chez les Touareg des propriétés particulières.

La discussion, toujours aussi acharnée, ne discontinue pas et augmente de violence, Cheikh prenant des airs de plus en plus menaçants, et Moulay lui répondant sur le même ton.

A ce moment, Villatte, le timonier que j'avais emmené avec moi, garçon de vingt ans, très calme et très énergique, me dit : « Je crois que ça se gâte ; est-ce qu'il faut mettre pied à terre ? » Je lui réponds : « Oui », et nous descendons tous deux tenant nos mehara par la rêne, et, assis sur un rocher, nous attendons que Moulay veuille bien nous renseigner.

Pendant ces préambules, la caravane s'était rapprochée et les chameaux broutaient çà et là les tamarix sous la garde de deux de mes chambba, car l'un d'eux, très dévoué à ma personne, était venu se mettre à mes ordres. Quant aux caravaniers touareg, ils s'étaient approchés pour prendre part aux débats.

Le vieux Bakha, très monté, nous défendait avec vigueur, et à un moment même Cheikh, exaspéré de son intervention, le menaçait de sa lance, du haut de son mehari, la pointe sur sa gorge ; malgré cela, Bakha continuait énergiquement. La mort d'un serf ne compte pas dans ce pays, et nul n'eût été étonné de voir Bakha tué par un noble.

Moulay extrêmement animé s'approche enfin de moi et me dit : « Viens, nous passerons malgré lui ; tu es sous ma protection et je les empêcherai bien de te faire aucun mal ; il ne sera pas dit que l'on aura en vain tenu tête à Moulay. »

Nous avançons ainsi dans la rivière, dont les berges s'élèvent de plus en plus, suivis par la bande qui vocifère sans cesse et qui s'est grossie de six ou huit individus nouveaux, parmi lesquels se trouve un chérif de l'Adrar dont on m'avait signalé la présence et les intentions il y a quelques jours.

Ce chérif est marié à une femme targuie des Azdjer et est arrivé récemment de chez Abidine[1] et du Ahaggar. Il a l'intention de tuer tout Français qui se montrera à lui et a dit ici que nous ne sortirions jamais vivants de l'ouad Mihero. Sa présence en ce lieu augmente les difficultés de la situation, car il pousse et excite Cheikh dont j'aurais, je pense, eu facilement raison avec quelques douros de droit de passage s'il eût été seul.

Le déjeuner s'effectue dans ces conditions, et assis sur un rocher, les fusils sous la main, nous absorbons des boîtes de sardines sous l'œil peu bienveillant des Touareg, qui ont recommencé la discussion avec Moulay.

Après une très courte marche en avant, Moulay revient

---

1. Famille maraboutique marocaine alliée à celle du Sultan.

me prier de camper au milieu de la rivière, afin de lui donner le temps d'aplanir les difficultés. Nous voilà donc installés dans une situation mauvaise, perdus au milieu des tamarix, dominés de toutes parts par les hautes falaises de grès de la rivière et dans les conditions les plus défavorables pour nous défendre en cas d'attaque ; mais je suis bien obligé d'obéir à Moulay qui, en somme, a seul le pouvoir de nous faire passer. Je le croyais du moins à ce moment-là.

J'engage Moulay à essayer de négocier un droit de passage à verser au propriétaire de la rivière ; Cheikh a dit, en effet, lorsqu'on l'a informé que j'avais payé le droit de passage à Guedassen, l'Amenokal des Azdjer : « Je ne connais pas d'autre chef que moi-même ici, et Guedassen m'importe peu ; je n'ai que faire de lui. »

Que peut-on bien penser, après cette réponse, de la puissance de l'Amenokal ?

Je délègue avec Moulay un de mes chambba, El-Hadj, avec mission de faire entendre raison à Cheikh et au chérif, qui tous deux parlent parfaitement l'arabe.

Ces derniers sont campés à 30 mètres de nous, derrière une grosse touffe d'éthels. Le chérif ne s'est pas approché de moi et je ne l'ai pas vu de près. Il craint de se souiller par la vue d'un infidèle et prétend ne pouvoir le voir que pour le tuer, disant qu'il n'oserait jamais rentrer dans son pays et près d'Abidine si l'on pouvait dire qu'il a vu un Français et qu'il l'a laissé vivre.

Bakha et Moulay me laissent un peu d'espoir de passer ; ils me disent : « Ce chérif est un homme de peu d'envergure, nous vaincrons sa résistance. » Malgré cela, Moulay se prosterne devant lui en se mettant sur la tête une pincée de sable ; cela me semble un bien grand hommage pour l'offrir à un homme de peu !

Nous sommes ici à quelques kilomètres au nord d'Edehyeouen ; la rivière contient de nombreuses flaques d'eau, beaucoup de points boueux, et sa végétation est relativement très fourrée.

Non seulement je suis dans l'obligation de fournir la nourriture de tous ces énergumènes, chérif compris, mais encore ce sont mes chambba qui sont forcés de la faire cuire, les Touareg n'ayant pas d'ustensiles de cuisine et ne voulant pas surtout se donner la peine de préparer eux-mêmes leurs repas.

C'est une rude épreuve pour un voyageur que d'être entièrement à la merci de populations semblables, qui ne veulent rien entendre et qui exigent tout de lui. Il est nécessaire de s'armer d'une inébranlable patience, alors qu'on serait souvent tenté d'en finir par un coup de force. Il est vrai qu'il y a toujours au bout de la patience l'espoir de réussir, et c'est ce sentiment qui m'a soutenu pendant toute cette période fatigante pour la pensée, où, ballotté de l'un à l'autre, je ne savais jamais le matin ce que je ferais le soir.

La nuit ne me paraît pas devoir être calme, car les discussions continuent, violentes, irritées; les clameurs se multiplient. C'est au milieu de ce tapage et à une heure très avancée de la nuit que nous faisons des observations de hauteurs d'étoiles, m'attendant à chaque instant à voir mon théodolite brisé par une balle ou renversé par un coup de lance. Il n'en est rien pourtant, et tout rentre enfin dans le silence.

Le chérif seul a fait à très haute voix l'appel à la prière musulmane, et cette voix, mille fois répétée par l'immense écho des falaises, a une intonation sinistre qu'il lui donne à dessein.

Le jour du lendemain ne se lève que pour m'apporter la plus grande désillusion qui puisse frapper un voyageur : il faut retourner vers le nord !

Moulay, attristé et furieux au fond de voir son pouvoir méconnu, m'annonce qu'il ne peut forcer le passage; que le chérif a eu assez d'influence pour empêcher Cheikh de nous livrer la route contre versement d'un droit ; qu'il ne nous reste plus qu'à tourner bride et qu'à regagner les campements des notables.

Il ajoute que cette nuit le chérif a proposé de nous assassiner et de partager en trois nos dépouilles : une part pour lui, une pour cheikh, une pour Moulay. Ce dernier s'est vivement élevé contre un pareil projet, et, aidé d'El Hadj, il a dû veiller lui-même à notre sûreté.

Il eût été facile, si Moulay nous y avait autorisés, de passer malgré tout en livrant bataille et en attaquant les premiers. Les Touareg n'étaient guère qu'une quinzaine d'hommes ; nous avions deux winchester et trois carabines Gras, et à nous cinq l'affaire aurait duré peu de temps, d'autant que très probablement deux de nos chameliers touareg se seraient rangés de notre côté ; mais pour agir ainsi il m'aurait fallu avoir au moins l'acquiescement de Moulay. Or cette solution ne lui convenait pas. Le seul Bakha en était chaud partisan, et, préparant son fusil, il me disait : « Je me suis déjà battu avec les Ahaggar ; j'ai trois blessures et je ne suis pas mort. »

J'étais donc forcé au retour, et nous nous mettons à faire nos préparatifs de départ, entourés de figures sinistres qui nous menacent de leurs lances, malgré notre attitude très calme. Un des Touareg s'approche et soulève le couvercle de mon étui à revolver que je porte à la ceinture et en avant ; je sors aussitôt l'arme et lui explique qu'il y a six coups à tirer. Il me regarde d'un air courroucé et reste debout près de moi sa lance demi-levée.

Nous sommes escortés pendant notre marche en arrière par toute la bande, qui ne cesse de vociférer. Ils ne nous abandonnent qu'après un long parcours pendant lequel, avec mes trois chambba, je suis forcé de pousser moi-même le convoi, tous mes chameliers s'étant mêlés au groupe hostile et pérorant avec lui.

J'ai appris depuis par Moulay que les Touareg, poussés

par le chérif, non seulement ne voulaient pas nous laisser marcher vers le sud, mais qu'ils prétendaient en outre nous tuer sur place pendant les premières heures de notre marche de retour; c'est ce qui faisait l'objet de la discussion violente qui ne cessait de continuer derrière nous. Ils ne nous abandonnèrent enfin qu'en disant à Moulay : « Nous saurons bien, avec les Ahaggar que nous avons prévenus, retrouver ces infidèles en route et les exterminer. »

Rien n'est aussi triste qu'un pareil retour, toutes les espérances s'éteignent, l'homme le plus fort et le plus énergique se sent découragé. Je ne pouvais m'empêcher de me retourner sans cesse, navré de voir fuir peu à peu derrière moi ce calme et splendide massif montagneux que, jusqu'au dernier moment, je croyais si bien pourvoir franchir.

Rien ne peut rendre l'état moral produit par une aussi triste retraite, pendant laquelle nous étions de plus en plus livrés aux quolibets et même aux injures de nos jeunes chameliers.

Il faut avoir passé par de semblables alternatives pour comprendre ce qu'il y a de douloureux dans cette situation qui consiste à faire naufrage au port, et à sentir peu à peu s'enfoncer le bout de planche qui vous avait jusque-là soutenu.

Ainsi, trois années successives j'avais essayé d'aller vers l'Aïr en pénétrant chez les Azdjer et en nouant des relations avec eux. Deux fois j'avais écrit aux Kebar en leur demandant le passage; je les avais vus chez eux, je venais enfin de réussir à les convaincre ou à peu près, et il me fallait voir brusquement s'écrouler tout cet échafaudage si péniblement édifié, il me fallait recommencer encore de nouvelles tentatives et perdre toute une année!...

On comprendra, sans que j'insiste, qu'il y avait là de quoi abattre l'homme le plus patient et le plus philosophe, et on partagera certainement le sentiment de regret poignant qui m'étreignait à cet instant de deuil et de découragement.

En revenant en arrière sur notre route des jours précédents, nous rencontrons Ikhenoukhen à la hauteur des gour Isouitar, près des tentes de ses Amghad. Il se joint à nous jusqu'aux campements des notables et me félicite d'être rentré sain et sauf, comme un homme qui éprouve un grand soulagement. Il est bien évident qu'il savait d'avance ce que nous devions rencontrer.

Aussitôt notre rentrée à Afara-n-Ouechcherane, il y a réunion des notables et palabres interminables. La discussion est d'autant plus vive qu'il se trouve ici des Imanghassaten qui nous sont très hostiles.

Guedassen est absolument furieux que l'on ait tenu tête à son mandataire Moulay, et il fulmine contre Cheikh-ben-Mohamed, qui, prétend-il, lui payera cher cette avanie et recevra une verte leçon.

Quant aux déclarations du chérif prétendant qu'aidé des Ahaggar il nous rejoindra quelque part en route, Guedassen déclare : « J'irais plutôt moi-même avec mes amis t'accompagner par le chemin le plus fréquenté, et nous verrons bien si l'on osera m'attaquer. »

Il est décidé qu'on étudiera la question de savoir par quelle route il faut me faire passer, car tous maintenant tiennent énormément à mon existence et disent : « Il faut que tu reviennes sain et sauf, sans cela on aurait le droit de penser dans ton pays que ce sont les Azdjers qui t'ont fait tuer. »

Comme toujours ces conciliabules durent un temps infini, et deux jours entiers sont nécessaires pour qu'une résolution nette soit prise.

On va voir ci-après ce que les notables ont décidé sur la proposition d'Ikhenoukhen.

J'avais dit dès mon retour, à Guedassen, que, devant l'opposition rencontrée dans l'ouad Mihero, je leur deman-

dais de me conduire à Ghât, d'où j'aurais peut-être pu continuer vers le sud ; ou, comme pis aller, de m'escorter vers
Ghdamès ; mais aucune de ces solutions ne leur convint,
ils avaient évidemment hâte de me voir rentrer sans en-
combre en Algérie.

Il est donc convenu que je me dirigerai à travers l'erg
d'Issaouan, de façon à passer à deux jours dans l'est de Timassânine, où pourraient se trouver, me disent-ils, des
gens malintentionnés ; de là je gagnerai Tabankort, puis
l'Algérie ; une dizaine de notables m'accompagneront pendant deux ou trois jours pour veiller à ma sûreté ; mon
guide targui Mohammed et un de mes chameliers conti-
nueront avec moi jusqu'à Tabankort, et de ce point je me
débrouillerai seul avec mes trois chambba.

J'accepte en définitive ce programme, puisqu'il n'y a pas
moyen de faire autrement, et je vois tout le monde joyeux,
surtout, je crois, parce que je vais quitter le pays.

A partir de ce moment les manières de Guedassen ont
beaucoup changé et il a été d'un abord incomparablement
moins rude.

Ikhenoukhen — qui dès l'origine devait faire partie de
l'escorte — se décide ensuite à rester à cause de ses affaires :
« Tu n'as pas besoin de moi, me dit-il, puisque tu as Guedassen, Moulay, mes cousins, etc... »

Il en est un pourtant qui fait bien piteuse figure, c'est
Moulay, dont les autres se moquent, prétendant qu'il n'a pas
montré assez d'énergie. Dieu sait pourtant combien il a
crié. Il me dit d'un ton navré : « Comment ! El-Hadj-Ikhenoukhen a promené partout un Français, sans le moindre
incident et en le faisant respecter, et un cheikh de rien,
un chérif mendiant et leurs acolytes m'auront barré le passage et empêché d'avancer avec toi !... »

Les réunions ne discontinuent point : l'échec de Moulay
prend réellement pour tous ici les proportions d'un événe-
ment considérable. C'est un concert de cris contre les

Ahaggar, qu'ils en rendent responsables, disant que le chérif est un de leurs agents.

Les menaces ne cessent de tomber de leurs lèvres et il est même question d'une action contre Cheikh-ben-Mohamed après mon départ. J'aimerais bien mieux que ce fût avant, parce que le résultat final serait peut-être de m'ouvrir les portes du sud.

Presque tous les hommes ont le sommet de la tête nu ; les uns mais assez rarement, avec les cheveux coupés court, les autres avec des grandes mèches dressées, frisées ou légèrement crépues. Ils portent tous le voile, et, pour la grande majorité, il est bleu sombre et en étoffe venant du Soudan (généralement de Kano); pour quelques-uns seulement il est en cotonnade blanche de fabrication européenne.

Par dessus leurs chemises ou *abbaya* à manches courtes, serrées à la taille par une ceinture soutenue par des sortes de bretelles qui se croisent au milieu du dos, ils se drapent fièrement dans une couverture de laine provenant du Fezzan, épaisse et bien tissée et de couleur blanche ou marron foncé.

Parfois c'est une couverture du Soudan (pour les plus riches surtout). Ces dernières sont aussi en laine, mais disposées en damier, bleu et blanc ou noir et blanc, et composées d'une multitude de petits lés de 6 à 7 centimètres de largeur, réunis entre eux par des coutures de laine.

D'autres enfin ne portent, en dessus, qu'une couverture en peaux tannées de chevreau ou d'agneau; ce sont naturellement les plus pauvres et ceux qui habitent le haut Tassili, bien que ce vêtement ait beaucoup de caractère.

C'est à peine si on trouve un homme, noble, serf ou esclave, qui ne soit pas muni du sabre et du poignard de bras; la lance aussi est commune et presque tous la portent. Quant aux fusils, ils sont beaucoup plus rares, et loin d'être redoutables. Les Touareg me disent d'eux-mêmes du reste qu'après le premier coup de feu tiré, ils abandonnent cette arme, qu'ils jugent alors inutile et longue à charger et ne se servent plus que d'armes blanches.

Après avoir distribué de nouveaux cadeaux à divers notables, donné un sac de farine à chacun des trois chefs principaux, nous prenons la direction du nord, escortés par Guedassen, Moulay et quatorze autres Touareg tant Djouad qu'Amghad.

Ikhenoukhen nous fait des adieux pleins de dignité en nous souhaitant bonne chance; il me dit : « J'espère te revoir dans un moment meilleur et pouvoir cette fois t'aider à accomplir le voyage que tu désires faire. »

Nous descendons d'abord l'ouad Tikhamalt, puis nous prenons ensuite une de ses branches occidentales qui se nomme Tiffozzoutine; elle est constamment bordée à gauche par des dunes, et à droite par une hamada de grès qui procède par petits mamelons.

Cette rivière est beaucoup moins large que le Tikhamalt majeur et sa végétation beaucoup moins fournie, quoique composée des mêmes végétaux (drinn et tamarix).

Nous la suivons, sans jamais l'abandonner, jusque tout près du point où elle va se perdre dans le massif des dunes. Nous trouvons là un lac temporaire considérable, et c'est à ce lac que nous conduit Guedassen afin que nous puissions abreuver nos animaux et faire notre provision d'eau avant de nous enfoncer vers le nord-ouest dans le désert d'Issaouan. Nous campons sur le bord de cette mechera.

Guedassen est devenu d'une amabilité surprenante depuis que nous avons quitté les tentes; il va même jusqu'à nous aider de temps en temps de sa personne pour pousser notre convoi.

Aussitôt campés il m'appelle sur le sommet d'un petit mamelon du haut duquel on aperçoit au sud la silhouette bleue de la chaîne d'Illirhâ, et à l'ouest de grandes masses de sable.

« Aucun Européen, me dit-il, presque aucun targui ne connaît ce point ; moi-même je ne l'ai vu pour la première fois qu'il y a très peu de temps en allant à la chasse de l'antilope dans l'erg. Regarde bien et dis-moi si tu reconnaîtrais la direction de Timassânine ? » Après m'être orienté quelques instants, je tends le bras dans la direction du nord-ouest et je lui réponds : « Timassânine est là. » Il reprend : « Oui, tu as raison, c'est bien cela ; tu n'as plus maintenant besoin de moi et tu n'as plus rien à craindre. »

Il me demande ensuite de tirer quelques coups de fusil à la cible sur des cailloux ; c'était la seconde fois qu'il désirait juger de notre plus ou moins d'adresse ; mais aujourd'hui la tâche est rendue difficile par un vent violent du sud qui nous aveugle de sable.

Il me prie en outre de lui remettre une lettre constatant que j'ai été bien reçu par les Azdjer et que je suis reparti sain et sauf de leur territoire. Je lui donne ce document en français et en arabe. C'est alors qu'il me présente une feuille de papier en me demandant de lui dire ce qu'elle contient. Elle portait simplement ces mots en français et en arabe : « Gaston Méry, explorateur français, à Toulouse, Haute-Garonne. » Il la déchire alors en disant : « C'est bien. »

Le 25 janvier nous restons seuls, mes trois chambba, Villatte et moi, plus les deux guides touareg Mohamed et Moussani.

Tout le monde targui rentre à ses tentes. J'ai donné un fort bakchich à chacun des hommes de l'escorte, y compris Guedassen. Ce dernier, laissant les siens préparer lentement leurs mehara, a tenu à m'accompagner seul pendant quelques kilomètres ; au moment de prendre un congé définitif il me dit : « Ne passe point par Timassânine, mais marche directement sur Tifist ; tout le monde connaît ta présence dans le Sahara, et si je crains peu le chérif, du moins je crains les Ahaggar avertis ; dans tous les cas, s'il survenait quelque chose de grave, je te ferais rejoindre par deux mehara porteurs de nouvelles. Tu as fait pour moi plus que personne n'a jamais fait; reviens donc, et je tâcherai de te donner satisfaction, de te faire traverser notre territoire et de t'aider à pénétrer dans l'Aïr. Je ne désire maintenant plus qu'une chose, c'est que tu rentres sain et sauf dans ton pays. »

Quelques instants après son mehari — celui que je lui avais donné — n'était plus qu'un point sur la hamada, vers le sud.

J'avais résolu d'agir à peu près comme me l'indiquait Guedassen, c'est-à-dire de marcher droit sur Tabankort, et comme mes deux guides n'avaient jamais traversé l'erg qui nous en séparait, je donnai moi-même la route à la boussole en calculant l'azimut, de façon à venir couper mon itinéraire d'aller à une soixantaine de kilomètres dans l'est de Timassânine, c'est-à-dire tout près de mon campement du 30 décembre 1893.

La route se développe d'abord sur une hamada semée de dunes et dont le sol est de grès nu et dur sur lequel on rencontre de fréquents débris de laves cellulaires.

On traverse l'ouad Issaouan, qui n'est ici qu'une mince rigole de 10 à 12 mètres de largeur, contenant quelque tamarix au pied d'une berge de 8 mètres de hauteur du côté nord seulement. Cette rivière a de brusques et vastes élargissements ; elle s'étend alors et forme maâder.

Lorsque les rivières supérieures fournissent de grandes crues, les eaux s'avancent dans l'Issaouan jusqu'à un point situé à une douzaine de kilomètres dans notre ouest et qui constitue la véritable perte de cet ouad. Ce phénomène a eu lieu notamment en 1880, année où il a plu trente jours de suite, avec intermittences bien entendu.

La hamada d'Issaouan se poursuit très loin vers le nord, mais plus on avance plus les chaînes de dunes se rapprochent ; elles semblent n'être que des éperons du massif central, mais je ne puis en juger sainement, à cause d'une brume très intense qui nous enveloppe de poussière de sable soulevée par le vent.

Tout ce pays me paraît n'être qu'une immense hamada semée de dunes plus ou moins importantes et dont la végétation est extrêmement pauvre, pour ne pas dire nulle. C'est ce qui se produit toujours, du reste, quand on a affaire à des ergs isolés, et non pas à une masse compacte et continue non coupée de gassis ou de surfaces planes et absorbantes qui drainent l'humidité indispensable aux plantes et rendent ainsi les ergs infertiles.

Le grès est toujours la roche dominante; elle affecte toutes les formes, depuis celle en petits rognons sphériques, jusqu'aux stratifications minces comme des feuilles de carton. Çà et là aussi on voit s'élever des monolithes de grès qui ont tout à fait l'aspect de troncs d'arbres brisés.

Ce n'est qu'à 80 kilomètres au nord de Tiffozzoutine que nous entrons franchement dans la région de l'erg, et où divers calcaires commencent à venir se mêler aux grès des jours précédents.

L'Erg est composé d'une infinité de chaînes sensiblement parallèles et dirigées ici du nord-ouest au sud-est. Ces chaînes, hautes de 70 à 100 mètres et qui varient entre 2 et 3 kilomètres d'épaisseur, sont séparées par des gassis de même largeur, à sol dur et nu de grès et de calcaire, avec quelques fossiles; le gypse apparaît par places et se fait bientôt plus fréquent.

Cette configuration de la région dure toute une journée, puis les gassis diminuent en nombre, les chaînes deviennent confuses, et nous marchons réellement dans la partie compacte de l'erg, dont les pics majeurs atteignent 120 à 150 mètres.

La végétation se ressent de cette forme du sol et devient plus abondante et plus verte, mais elle n'est exclusivement composée que de had et de drinn. Les antilopes, profitant de cette bonne aubaine, sont ici très nombreuses et peu fuyardes.

Un des gassis rencontrés dans cette région, et que nous fait suivre notre route pendant quelque temps, est à sol de calcaire absolument criblé de fossiles non encore déterminés (calcaire à encrines et à gastéropodes, fait assez inattendu dans cette région).

L'erg est partout largement ondulé et présente des croupes très longues à pentes douces et très couvertes de végétation.

Dans la partie compacte les chaînes ont repris la direction nord-est sud-ouest, contrairement à ce qui se passe plus au sud comme je l'ai signalé ci-dessus. Quelques affleurements et de petites chaînes de monticules calcaires dans les cuvettes indiquent que nous ne sommes plus très éloignés du Djoua.

Nous atteignons cette dépression et coupons mon itinéraire à une faible distance du point que j'avais visé au départ de Tiffozzoutine, dont nous sommes maintenant éloignés d'un peu plus de 200 kilomètres, et à 60 kilomètres dans l'est de Timassânine, comme je le supposais.

Pendant toute cette partie de l'itinéraire, non seulement je donnais la route, mais encore je dirigeais moi-même le convoi : c'est-à-dire que, marchant en avant avec Villatte, et guidant nos mehara par leurs rênes, nous choisissions dans les passages des chaînes les points les moins difficiles, les pas de nos montures et les nôtres traçant le chemin au convoi, pour la conduite duquel le petit nombre de mes hommes était à peine suffisant.

Les dunes dans cette région sont en effet peu faciles, surtout dans la partie sud, et elles tombent d'une façon assez abrupte sur les gassis, ce qui en rend la descente ou la montée parfois très pénible pour des animaux chargés, qui ne passent qu'en décrivant de nombreux lacets qu'il est nécessaire de tracer, ou tout au moins d'indiquer d'avance à la caravane.

Les dunes de l'erg sont ici jonchées de coquilles comme

celles recueillies à Timassânine (Cyrene, Corbicula, Melania et Cardium).

Nous avons été immobilisés tout un jour dans cet erg par une pluie très forte mêlée de grêle et qui ne permettait pas de marcher.

J'ai peu parlé des pluies essuyées par la mission, et je profite de cette parenthèse pour dire qu'en cinq mois nous en avons vu tomber *vingt-deux fois* — en comptant toutefois les jours où nous n'en recevions que quelques gouttes. — C'est tout à fait extraordinaire dans le Sahara, où très fréquemment il m'est arrivé de voyager trois mois consécutifs en hiver ou au printemps sans voir une seule goutte de pluie. Il n'a plu d'une façon générale qu'en 1880, 1885 et dans l'hiver de 1893 à 1894.

Nous traversons le Djoua, qui a en ce point une largeur de 6 kilomètres. Il est un peu envahi par les sables de l'erg progressant vers le nord ; son sol est composé de plaques de gypse cristallisé noyées dans un peu de sable et de reg.

Le medjebed de Timassânine à Ohanet en suit la rive nord.

Près de ce medjebed, sur une surface de reg fin et spongieux, nous trouvons les traces extrêmement nettes encore, *quoique datant de* 1887, d'un rezzou d'Oulad-ba-Hammou qui étaient partis pour enlever des chameaux aux Fezzan.

Il s'agit maintenant d'escalader la falaise du Tinghert qui domine le Djoua au nord. Profondément entaillée de golfes irréguliers, sillonnée de nombreux ravins tortueux, elle élève son sommet à plus de 100 mètres au-dessus de la vallée ; mais de cette vallée même à la crête supérieure, il n'y a pas moins de 6 kilomètres de mamelons et d'éboulis de base, un véritable chaos. La marche y est d'autant plus pénible que jamais personne n'est passé par là, qu'il n'y a point trace de sentier, et qu'il nous faut emprunter le lit de divers ravins, lit encombré de roches de calcaire et de gypse et d'éboulis de marnes. Ils sont parfois tellement

étroits qu'il devient indispensable d'en escalader les berges
et de chercher un autre ravin plus facile pour continuer la
montée.

La constitution de ces falaises est la même que celle des
falaises au nord-ouest de Timassânine qui n'en sont que la
suite, c'est-à-dire des masses de gypse séparées par des assises de marnes; quelques stratifications calcaires inter-
calées, et la hamada du sommet en calcaire rugueux, où se
trouvent de nombreux fossiles des genres Ptérocères,
Strombes et Ostrea.

Du sommet on aperçoit des gour éparpillés qui s'élèvent
çà et là : Tifist, Bela-Ghdamès, etc...

Nous rejoignons bientôt une des têtes de l'ouad In-
Aramas que nous comptons descendre pour atteindre les
tilmas de Tabankort situés dans son lit.

En suivant cette rivière et après avoir traversé le chemin
de Timassânine à Ghdamès par Bela-Ghdamès, nous trouvons dans son lit une importante laissée de crue dont nous
profitons pour abreuver nos chameaux, qui n'ont pas bu depuis dix jours entiers.

L'ouad In-Aramas, qui n'était d'abord qu'une rigole dans
la hamada, s'enfonce bientôt dans des gorges larges et faciles entre des lignes de gour de 30 à 50 mètres d'élévation.
Sa largeur varie entre 100 et 200 mètres. A mesure que l'on
avance les mamelons diminuent, mais la rivière se resserre,
parfois même s'étrangle, entre des berges déchiquetées de
gypse et d'argiles jaunes, bleues et rouges striées de vei-
nules de gypse. Ce n'est qu'en arrivant au puits de Tabankort que les gour disparaissent et que la rivière reprend son
premier aspect de sillon dans la hamada.

La pluie nous force à passer tout un jour à Tabankort,
où je n'avais que faire, puisque c'était la troisième fois que
je visitais ces tilmas, et que j'en avais déjà donné les coor-
données géographiques.

Je congédie ici — comme c'était convenu — mes deux

guides touareg, Mohamed et Moussani, après les avoir payés et leur avoir fourni les vivres nécessaires pour leur retour du côté de l'ouad Samen.

A partir de ce point la route se déroule monotone sur le plateau de Tinghert, hamada de calcaires et de gypse auxquels se mélangent de nombreux débris de silex de toutes couleurs. La bordure sud de l'erg est visible à des distances qui varient entre 10 et 20 kilomètres, suivant la plus ou moins grande avancée des promontoires de sable.

Indépendamment des averses d'hier, il a plu récemment ici, car tous les lits des ouad ont été recouverts d'eau qui a couru, comme l'indiquent les brindilles déposées sur les bords.

Des mamelons peu importants couvrent le plateau et se relient par leur sud à la chaîne qui court parallèlement à la falaise du Djoua et qui la domine au nord.

Une quantité de petites rivières vont se jeter vers l'erg. La plus importante est l'ouad In-Amestekki, d'une largeur de 200 mètres environ avec quelques beaux massifs d'ethels.

Après ce thalweg il ne reste plus que l'ouad Igharghar, dont nous traversons le bras majeur juste au point de mon passage en février 1892 (au menkeb Ghraghar). Nous avions rejoint ici la région du grand erg et il ne nous restait plus qu'à couper quelques dunes, suivre le gassi Touil et obliquer un peu dans l'ouest pour aller boire à Mouilah-Maâttallah, avant d'entreprendre la traversée de la région des dunes.

Le début de notre voyage dans l'erg en quittant Mouilah est assez mauvais. Nous recevons un grain formidable : tout le sud est dans l'ombre tandis que les chaînes et le gassi au nord sont splendidement éclairés par un brillant soleil; le spectacle est merveilleux. Le grain accompagné de pluie nous atteint pendant que le nord est toujours sous le soleil. Il est précédé d'un bruit sourd continu, un ronflement semblable à celui de la mer qui brise sur une plage; ce bruit est produit par le passage du vent sur les graviers du reg. C'est saisissant comme effet et très surprenant quand on l'entend pour la première fois, car bien qu'il se continue pendant le grain, on le perçoit longtemps avant de ressentir aucun souffle de brise.

J'avais, dans un voyage précédent, suivi et levé le côté est du gassi Touïl; nous allons donc cette fois-ci — pour continuer à remplir les blancs de la carte — en descendre le côté ouest, que nous atteindrons après avoir traversé la chaîne qui le sépare du Gassi-el-Mouilah sur lequel nous marchons tout d'abord.

Cette chaîne s'avance très au nord sans solution de continuité; je l'ai côtoyée, tant dans son ouest que dans son est, pendant 150 kilomètres, et, quand je l'ai quittée, elle obliquait dans le nord-ouest, mais elle n'en était pas encore à son terminus septentrional.

Que dire du gassi Touil et de l'erg qu'il coupe de son immense nappe de reg plan? rien de bien nouveau; j'en ai déjà parlé ici et je ne pourrais que me répéter. En le parcourant à une certaine distance d'un de mes anciens itinéraires, j'ai pu rectifier beaucoup de détails et surtout me rendre compte qu'il était plus large encore que je ne l'avais supposé. Certains promontoires que j'avais indiqués comme se rattachant à la masse des sables, ne sont tout simplement que des îles.

Le mirage ici règne en maître tout-puissant; il déforme tout, rapproche ou éloigne, rapetisse ou agrandit, élève ou abaisse, si bien que le voyageur est souvent forcé d'hésiter et qu'il ne peut dessiner avec sûreté que les points immédiatement voisins de son itinéraire.

Il arrive souvent que, du haut d'un sommet, il est impossible de se rendre compte si deux masses de sable sont reliées par des dunes basses ou séparées par une surface de reg plan, la coupure paraissant, dans l'un et l'autre cas — avec du mirage — être un lac brillant et miroitant. Combien de fois ne me suis-je pas dirigé autrefois, alors que je n'étais pas encore un familier de l'erg, sur une coupure de ce genre, pensant trouver un passage libre de sables, et lorsque j'arrivais à courte distance, je trouvais devant moi des dunes, moins élevées que leurs voisines mais enfin des dunes ?

Les éléments du sol sont, comme je l'ai dit autrefois, un reg plus ou moins fin où domine le quartz en petits cailloux roulés et arrondis, parfois aussi fins que du gravier, avec un mélange de débris de roches calcaires et de grès. La surface du gassi est nue, mais les chaînes ont une belle végétation.

Après la longue chaîne que je viens de signaler, on en trouve deux autres assez remarquables — les deux seules du reste auxquelles il ait été donné un nom — Draâ-el-Azal et Draâ-Sbeït.

Les deux îles les plus frappantes et les plus importantes dans la partie nord sont les Draâ-el-Khâtem et Draâ-el-Begra. Tous ces oghroud ne portent des noms que parce qu'ils sont encore dans les limites des territoires de chasse de nos tribus du sud ; plus loin on ne va guère chasser, on ne fait que passer.

Nous avons successivement, au loin, à notre gauche les oghroud Khelal et Maâtallah ; à notre droite Marfag-ben-Salah et Ghourd Mokhanza, et nous arrivons enfin, après huit jours de route sans eau, au puits de Feïdjet-el-Mezâbi.

Les seuls incidents de cette partie du voyage ont été la rencontre, à 140 kilomètres au nord de Mouilah, de la piste d'une caravane importante que les traces laissées très peu de jours auparavant nous disaient appartenir à des Touareg, à cause de la forme particulière des pieds nus dans le sable ; cette caravane remontait le gassi Touil en se dirigeant vers le sud. Nous avions en outre coupé la trace fraîche d'une autre caravane — à 40 kilomètres au sud de Feïdjet-el-Mezâbi — caravane moins nombreuse que la première et qui était accompagnée d'Européens ; puis enfin, à peu de distance du puits, la trace, datant de l'avant-veille, de deux courriers, dont l'un était Kouider-ben-Younès, chambbi bien connu, qui rentrait vers El Oued.

J'oubliais de dire que depuis une vingtaine de jours nous étions entièrement dépourvus de sel; or il faut avoir été soumis à cette privation pour se rendre compte de ce qu'elle a de pénible. Mon matelot Villatte et moi en étions réduits à ne plus absorber que des boîtes de sardines, le pain et la viande non salés constituant pour nous une nourriture tout à fait immangeable.

Nous trouvâmes heureusement au puits deux chasseurs chambba qui nous en donnèrent immédiatement une large part de leur provision.

Ce sont ces hommes qui nous ont appris les premières nouvelles : la prise de Tombouctou, la construction du bordj d'Hassi Chebbaba, et d'Hassi-bel-Haïrane; cette dernière nouvelle m'était particulièrement agréable, puisque c'était sur mes indications, répétées en 1892 et 1893 dans mes rapports à M. le Gouverneur général de l'Algérie, qu'on avait dû décider la construction de ce dernier poste.

Nos deux informateurs nous apprirent en outre que les traces rencontrées par nous appartenaient bien : les premières au mïad touareg rentrant dans son pays, et les secondes à *la mission des marabouts*, suivant leur propre expression, et qui n'était autre que celle de M. d'Atta-noux.

A partir de Feïdjet-el-Mezàbi la route qui nous restait à faire était des plus faciles, je me bornai donc à choisir — jusqu'à El Alia — des points que je n'avais pas encore vus, pour ne pas doubler un de mes nombreux itinéraires dans cette région, et le 4 mars je rentrais à Biskra après une absence de près de cinq mois.

Mes mehara et un certain nombre de mes chameaux — en comptant le voyage de Ouargla à Biskra pour venir me rejoindre au moment du départ — ont donc fourni cent cinquante jours de marche consécutive sans jamais être complètement déchargés. On peut ainsi espérer, en choisissant bien ses animaux et en leur donnant de temps en temps deux ou trois jours de repos, se rendre d'Algérie jusqu'au Soudan avec les mêmes chameaux.

Pour me résumer je répéterai qu'après trois ans d'efforts, de démarches, de lettres j'étais parvenu à pénétrer enfin au cœur même des campements des Azdjer et à me mettre franchement en route vers l'Aïr; tout me semblait devoir marcher à souhait, lorsque cette malheureuse circonstance de la présence d'un chérif fanatique dans l'ouad Mihero est venue bouleverser tous mes projets, renverser toutes mes espérances et me forcer à une pénible et triste retraite.

Si les notables Azdjer — notamment Guedassen — avaient voulu y mettre un peu d'énergie, ils auraient certainement réussi à me faire marcher de l'avant; mais ils ne l'ont pas fait.

Toutefois, adoucis par mes cadeaux, fixés sur le but que je poursuis, habitués alors à ma personne, ils m'ont promis leur concours effectif pour l'hiver prochain; telles sont du moins les dernières paroles de Guedassen. Quant à Moulay et à Mohamed-ben-Ikhenoukhen, ils me sont acquis d'avance. Je compte donc bien que cette fois je passerai.

J'espère qu'on ne me reprochera pas d'avoir manqué de patience et d'obstination, car j'ai chaque année et avec le même objectif continué péniblement l'œuvre entreprise sans jamais me laisser abattre par la lassitude ou par le découragement.

C'est donc absolument confiant dans l'avenir et dans la réussite de ma future tentative de pénétration que je viens vous dire au revoir, mais non pas adieu, persuadé que j'aurai encore à vous parler de pays nouveaux qui me permettront d'être pour vous plus intéressant, et de rapporter à notre Société des documents utiles en témoignage de ma gratitude pour l'aide et l'appui qu'elle ne cesse de me donner, et la bienveillance qu'elle veut bien me montrer.

L.-Imprimeries réunies, B, rue Mignon, 2. — MAY et MOTTEROZ, directeurs.